Ulrike Haß ist Autorin und Dramaturgin. Sie arbeitet als Theaterwissenschaftlerin am Institut für Theaterwissenschaft an der Ruhr-Universität Bochum und ist Mitherausgeberin von «Theater über Tage. Jahrbuch für das Theater im Ruhrgebiet». Ulrike Haß lebt in Berlin und Bochum.

Ulrike Haß
Teufelstanz

Eine Geschichte aus der Zeit
der Hexenverfolgungen

Rowohlt Taschenbuch Verlag

Lehrermaterial zu diesem Titel erhalten Sie
kostenlos über den Verlag
(Rowohlt Taschenbuch Verlag, 21462 Reinbek)
oder in Ihrer Buchhandlung.

Lektorat Renate Boldt

Neuausgabe
Veröffentlicht im Rowohlt Taschenbuch Verlag GmbH,
Reinbek bei Hamburg, Februar 2002
Copyright © 1982 by Rowohlt Taschenbuch Verlag GmbH,
Reinbek bei Hamburg
Umschlagillustration Aljoscha Blau
Umschlaggestaltung any.way, Barbara Hanke
Alle Rechte an dieser Ausgabe vorbehalten
Satz Joanna PostScript
Gesamtherstellung Clausen & Bosse, Leck
Printed in Germany
ISBN 3 499 21181 5

Die Schreibweise entspricht den Regeln
der neuen Rechtschreibung.

Inhalt

Das neue Kleid 7

In der Höll 13

Verabredung vor dem Tor 17

Das zweite Gesicht des alten Hirten 23

Besuch des Schwarzen Gesell 29

In der Sonntagsschule 36

Das Blutzeichen 45

Auf dem Totenhügel St. Emmeran 51

Ein Verdacht kommt auf 59

Ursula erzählt 67

Marie begeht einen Fehler 74

Der Doktor mit dem bleichen Gesicht 82

Ursulas Traum 91

Beim Judendoktor 99

Die belauschten Ratsherren 107

Entdeckung 117

Die seltsame Nacht in Goldburghausen 125

Die Zaunreiterin 135

Ursula in Not 140

Teufelstanz 147

Die Knechte des Henkers 157

Letzte Warnung 161

Abschied 170

Hexenverfolgung in Nördlingen:
Was das Protokoll berichtet   175

Nachwort:
Die große Angst   179

Das neue Kleid

«Hindenacherin», rief eine Mädchenstimme ungeduldig durchs sonnenwarme Haus, «Hindenacherin! Ich kann das nicht allein.»

Eine hoch gewachsene, kräftige Frau stellte eine Schüssel mit Roggen beiseite, die sie bis dahin zwischen den Knien gehalten hatte, und hob unwillig den Kopf.

«Kann das Kind nicht herunterkommen und fragen? Die jungen Beine sollen zu den alten laufen. – Komm herunter, ich warte», rief die Hindenacherin hinauf.

«Das kann ich nicht», kam zur Antwort, aber in einem ganz kläglichen Ton.

Da nahm die Hindenacherin ärgerlich ihren schweren Rock zusammen und stieg die enge Treppe neben dem Herd nach oben. Die Tür zur Kammer war angelehnt, die Hindenacherin trat ein und legte im selben Moment die Hand vor ihre Augen. Gleißend helles Sonnenlicht fiel durch das geöffnete Fenster. Davor saß ein schmales blasshäutiges Mädchen, das den Kopf zwischen den Knien tief nach unten gebeugt hielt und sich mit seinem langen dunklen Haar abmühte.

«Ich kann es nicht flechten. Die Haare gleiten mir durch die Finger, als wären sie Fische im Wasser.»

«Was sitzt eine wie du im Hemd bei offenem Fenster und brüllt durch das ganze Haus wie ein Mann», gab ihr die Hindenacherin zur Antwort.

Mit wenigen Schritten war sie beim Fenster und zog den einflügligen hölzernen Laden heran. Dann hob sie mit der Hand das Gesicht des Mädchens in die Höhe, bis sie sich beide in die Augen sehen mussten, und sagte: «Du bist jetzt kein Kind mehr, Marie. Du hast die Schule beendet, und nicht lange, dann wirst du wohl dreizehn Jahre zählen. Eine Jungfrau sitzt nicht im Hemd bei offenem Fenster.»

Marie nickte. «Ich will es mir merken, Hindenacherin. Wenn ich nur nicht diese abscheulichen Haare tragen müsste ...»

«So etwas sagt keine, wenn sie nicht eines Tages ohne Haar dastehen will», sagte die Hindenacherin und begann, mit einem hölzernen Kamm Maries Haar zu striegeln. «Du wirst ab heute dein Haar flechten, wie es jede Jungfrau tut.»

Marie wollte nicken, da zog ihr die Hindenacherin das Haar jedoch so straff zusammen, dass es ihr nicht möglich war, den Kopf zu bewegen.

«Gleich wirst du das neue Kleid anziehen und noch heute beim Sternwirt vorsprechen», sagte sie. «Der Hindenacher ist schon vorstellig gewesen.»

Sie flocht Maries Haar zu zwei Zöpfen, fest wie Draht, legte sie ihr um den Kopf und befestigte sie an den Enden mit einem Kamm, der Maries Kopfhaut nicht wenig schrammte.

Marie dachte daran, wie ihr die Haare im Laufen bisher

um den Kopf geflogen waren, und hielt nur mit Mühe die Tränen zurück.

«Die nächsten Male wird dir Ursula helfen, bis du es selbst kannst», sagte die Hindenacherin und streifte Marie einen steifleinenen Unterrock über.

«Wie schwer er ist», meinte Marie erschrocken. «Mit diesem Rock werde ich jeden Wettlauf verlieren.»

«Eine Jungfrau läuft nicht um die Wette.» Die Hindenacherin schob Marie ein leinenes Mieder über den Kopf und machte sich daran, die Bänder zu entwirren. «Eine junge Frau darf sich nicht über die Maßen erhitzen, das schadet ihren Säften», fügte die Hindenacherin hinzu und zog die Bänder jetzt so fest, wie es der Stoff zuließ. Dennoch hing das Mieder locker um Maries Schultern und Oberkörper.

«Es ist zu groß, Hindenacherin!»

«Du wirst hineinwachsen», antwortete ihr diese, «da ist bis jetzt noch jede hineingewachsen.»

Sie nahm das neue Kleid und stülpte es Marie über den Kopf. Dann schob sie die weit gebauschten Ärmel, die bestickten Manschetten zurecht, zog den üppig gefältelten Rock herum und zerrte das grün-schwarze Mieder in die Taille.

Als sie fertig war, sah Marie an sich hinunter. «Es kneift unter den Armen», sagte sie traurig.

«Du gewöhnst dich daran», meinte die Hindenacherin.

«Der Rock ist zu schwer, das Mieder fest wie ein Panzerhemd. Ich bin doch kein Soldat, der in den Krieg gehen soll.» Marie schluchzte auf. «Ich will wieder zur Schule, neben meiner Bärbel sitzen. Ich will keine Frau sein, Hindenacherin!» Sie wollte die Hindenacherin umarmen, doch die wehrte sie mit einer schnellen Bewegung ihrer Hand ab.

«Du närrisches Kind», rief sie, «ist das der Lohn für unseren Großmut? Ins Spital zu den Findeln und Waisen hättest gemusst, wenn der Hindenacher und ich dich nicht zu den unseren noch dazugenommen hätten!»

Das verschlossene Gesicht der Hindenacherin geriet in Bewegung und rötete sich vor Empörung.

«Das Kleid hat uns einige Pfund mehr gekostet, als deine Mutter mir dafür hinterließ. Es ist ein fein gewebtes Tuch, du ...» Die Hindenacherin holte tief Luft und fuhr dann in milderem Ton fort: «Du weißt, wenn ich bei meiner einst geliebten Schwester nicht in einer alten Schuld gestanden hätte, ich hätte ihre Tochter nicht nehmen können. So aber habe ich nicht gezögert, als sie mich fragte.»

«Verzeiht mir, liebe Mutterschwester», sagte Marie bittend, «ich will immer daran denken. Ich will Euch für alles dankbar sein.»

«Es ist schon gut, Marie», erwiderte die Hindenacherin. «Halt dich nur in Tugend, so dankst du es am besten.»

Unten im Haus waren jetzt Kinderstimmen zu hören. Die Hindenacherin wandte sich zum Gehen. Unter der Tür drehte sie sich noch einmal um und wiederholte mit einer Stimme, die Marie unter die Haut ging: «Halt dich nur in Tugend, Marie. Du hast das lose Blut meiner Schwester in den Adern. Du wirst es nicht leicht haben. Eine Gezeichnete bist du, von Anfang an.»

Die Hindenacherin stieg die Treppe hinunter. Marie aber blickte ihr nach und hasste sie für diese Worte.

«Hab ich nicht immer versucht, alles richtig zu machen», sagte sie zu sich, «und bin gehorsam gewesen in allen Dingen, wie meine Mutter es mir riet? Aber die Hindenacherin findet nichts als strenge Worte gegen mich und spricht von ihrer Schwester nur mit Verachtung.

Marie dachte voll Zärtlichkeit an ihre Mutter. Nie wollte sie die Worte vergessen, die sie ihr zum Abschied gesagt hatte: «Sei folgsam in allem, Marie, mein Kind. Gib dir Mühe. Alle werden sie sagen, du seiest die Tochter von ‹so einer›, und misstrauisch gegen dich sein und ein besonderes Auge auf dich haben. Marie, mein armes Kind.»

Der Nördlinger Rat hatte Maries Mutter im Jahr 1585 aus der Stadt gewiesen. Seitdem waren wohl vier Jahre vergangen. Damals hatte sie einen anderen Mann geliebt, denn Maries Vater war schon lange tot. Dieser Mann aber war ein Ehemann, und da hatte es ein einfältiger Tropf für seine Pflicht angesehen, Maries Mutter und den Mann dem Rat der Stadt anzuzeigen und ihren Ehebruch zu bezeugen. Der Rat ließ daraufhin Maries Mutter durch die Knechte des Henkers vor die Stadttore führen und verbot ihr, jemals nach Nördlingen zurückzukehren. So wollte es das Recht. Der Mann aber bekam vierzehn Tage Festungshaft im Turm, so wollte es dasselbe Recht. Danach war er munter zu seiner Ehefrau zurückgekehrt, weil die ihn trotz allem wiedernehmen wollte. Von ihrer Mutter hatte Marie nie wieder etwas gehört.

Seitdem wünschte sie in ihren Gebeten, dass es ihrer Mutter in der Fremde wohl ergehe und sie sich einmal wiederfänden, denn Marie erinnerte sich an ihre Mutter als an eine zärtliche, fröhliche Frau mit pflaumenweicher

Haut. Diesen Mann aber wünschte sie zur Hölle und seine törichte Ehefrau dazu.

Marie seufzte und stand auf. Das Kleid hing schwer an ihr. Mit unsicherem Schritt stieg sie die enge Treppe hinab.

Unten in der Stube am Herd stand die Hindenacherin, vier Kinder warteten ungeduldig vor Hunger. Ein fünftes lag in Windeln fest eingeschnürt in seinem Korb. Es mochte schon gut ein Jahr und ein halbes zählen, doch solang es sich nicht rühren konnte, vergrößerte es nicht die Mühsal seiner Mutter, also schnürte man es ein.

«Wo ist Ursula?», fragte Marie nach der Frau, die der Hindenacherin für gewöhnlich bei den Kindern half.

«Sie ist an ein Kindbett gerufen worden», antwortete die Hindenacherin, denn Ursula Haider war eine erfahrene Hebamme.

«Dann geh ich jetzt zum Sternwirt.»

«Handele ein gutes Geld aus», sagte die Hindenacherin, «und auch, dass du dort isst.»

Da ging Marie.

«Marie», riefen die Kinder hinter ihr her, «Marie, bist du jetzt eine Frau?»

In der Höll Marie ging mit großen Schritten durch die Straßen, kam über den weiten Viehmarkt.

Es war kühler geworden. Die Sonne wärmte in diesen frühen Septembertagen nur noch so lange, wie ihre hellen Strahlen über das Pflaster gingen. Am Nachmittag wurde es im Schatten der steilen Häuser und der mächtigen Pfarrkirche St. Georg schon kühl wie in einem klaren Oktober. Marie schritt schneller aus.

Sie dachte an Anna, die sie gleich beim Sternwirt treffen würde. Früher hatten Marie und Anna oft miteinander gespielt. Da lebte Marie noch zusammen mit ihrer Mutter in einem Haus unter dem Weinmarkt, und neben ihnen wohnte Anna, die Tochter des Nachbarn. Anna trug jetzt schon Frauenkleider, seit Pfingsten vor einem Jahr, und arbeitete genauso lange beim Sternwirt. Marie hatte darum gleich eingewilligt, als der Hindenacher davon sprach, sie in die Wirtschaft zum Stern zu geben. Sie freute sich, wieder mit Anna zusammen zu sein. Anna war lustig und schön.

Am Ende des Höllgässleins, das sich schmal und demütig um den Wendelstein, den riesenhaften Turm von St. Georg, herumwand und das so dunkel wie kein zweites Gässchen in ganz Nördlingen war, führte ein hohes Haus das Schild *Zum Goldenen Stern*. Das war die Gastwirtschaft, die kurzerhand auch «die Höll» genannt wurde.

Hier rechnete Apollonia, Wirtin und Hausfrau des Michael Reb, gerade über eine Lieferung Wecken ab. So wurde Marie nach ihrem Eintreten von niemandem bemerkt.

«Drei und ein halbes Pfund soll ich für deine steinharten Wecken zahlen!», rief Apollonia. «Einen Luftsprung müsstest du tun, wenn ich sie dir abnähme, ohne jemand zu sagen, von wem ich sie hab.» Die Sternwirtin stemmte ihre runden Arme siegessicher in die Hüften.

Der Bäcker jedoch plusterte sich hinter seinem Korb und gab es ihr zurück: «Das Mehl der Wecken ist so wohl gebeutelt, wie es dir mit deinen dicken Backen nicht einmal mehr im Traum geschieht!»

Die umsitzenden Burschen lachten, und der Bäcker jappte mit rotem Kopf vergnügt nach Luft.

«Ist deinem unflätigen Maul der Atem knapp geworden?», antwortete ihm Apollonia. «Du wärst wohl besser ein Schmied geblieben, als die Menschen mit Wecken zu quälen, die so hart wie Eisenbälle sind. Wer davon isst, den zieht's ja geradewegs unter die Erde, wenn er nur genug davon im Bauch hat.»

«Es soll ein Wecken zu Wein und Bier sein», sagte der Bäcker darauf. «Der Mann isst also ein oder zwei und nimmt keinen Schaden.»

«Du redest dich um deine ehrliche Haut und bleibst dabei ein rechter Wecken-Schmied», gab Apollonia zurück.

«Hoho!» Der Bäcker blies seine Backen auf und streckte sich in die Länge. «Auch wenn ich für mein Lebtag gern ein Schmied gewesen bin, wie jedermann hier weiß, so bin ich doch ein Bäcker geworden, wie es einer sein muss, und meine Wecken sind selbst der Ratsfrau Schöperlin angenehm. – Du bist ja nur geizig mit deinem Geld, Apollonia!»

Der Bäcker hob beleidigt seinen Korb mit den Wecken auf und drehte sich zur Tür. Da stieß er mit dem Korb gegen Marie, die nach ihrem Eintreten gleich neben der Tür stehen geblieben war.

«Hoho! Wen haben wir denn hier?» Der Bäcker gewann sogleich seinen vergnügten Ton wieder. «Von welchem Stern ist denn dieser kirschensüße Engel in die schmutzige Höll gefallen?»

«Die lässt du fein in Ruh, hässlicher Schelm», sagte Apollonia. «Das ist Marie, unsere neue Magd.»

«Nun, dann will ich diesem appetitlichen bleichen Kind meine Wecken schenken», sprach der Bäcker, denn er wollte gern unbeschwert nach Hause gehen. «Unter den samtweichen Wangen dieser Jungfrau sollen meine Wecken zu zarten Küchlein schmelzen.»

Der Bäcker griff Marie unter das Kinn, sie nahm den Korb und lachte. Der Bäcker war schon zur Tür hinaus.

«Wie zum Teufel hast du das gemacht, Marie?», lachte Apollonia. «Jetzt haben wir einen Korb knuspriger Wecken und keinen einzigen Kreuzer dafür bezahlen müssen. Das nenn ich mir wohlfeile Wecken, die dem Wirt gleich noch einmal so gut schmecken.»

Apollonia biss in einen hinein, dass es krachte.

«Und euch geb ich sie heute um einen halben Kreuzer», sagte Apollonia zu den Burschen am Tisch.

Die langten kräftig zu. «Es wird schon eine Teufelsbraut sein, die du da in deinen Dienst genommen hast», rief einer der sauflustigen Burschen und blickte Marie lange an.

«Da hör nicht hin», sagte Apollonia zu Marie, «die kennen nichts als Gefräß und Tanz. Ich werde dir jetzt deine Arbeit zeigen.»

Sie führte Marie in den Keller, wo es säuerlich vergoren

roch. Schwarz standen riesige Fässer auf hölzernen Böcken, und im Schein der Kerze, die Apollonia in der Hand trug, sah Marie die Spinnen und Asseln an den Wänden.

«Wenn so viele Spinnen kriechen, sie schon den Winter riechen», sagte Apollonia. «Das wird ein klarer Herbst. Hier holst du Wein und Bier, wirfst aber zuvor die Tierchen aus den Krügen, denn sie verwässern mir das Gesöff.»

Dann führte sie Marie in die Küche, wo ein mächtiger steinerner Herd unter einem gewaltigen Kamin stand.

«Und hier wirst du sehen, dass mir die Glut nicht kalt wird, damit ich ein Feuer entfachen kann, wenn ein betuchter Gast nach einem Kapaun verlangt, so Gott will. Die Krüge und Töpfe wirst du mir scheuern und dabei nicht mit feinem Sand und Wasser sparen, das du mir vom Brunnen auf dem Hof hereinbringst.»

Marie sagte zu allem ja und blickte sich um, ob sie nicht Anna irgendwo sehen konnte.

Nachdem Apollonia mit ihr ein freies Essen am Abend und zusätzlich den erbärmlichen Lohn von zehn Kreuzern in der Woche vereinbart hatte, begann Marie, die schweren irdenen Krüge zu scheuern. Bald waren ihre Finger so rot wie das Scharlachtuch, das nach Pfingsten alljährlich dem besten Reiter im Scharlachrennen winkte. Und Marie dachte voll Wehmut an die freie Luft über den Wiesen vor dem Baldinger Tor.

Endlich kam Anna einmal nach hinten gelaufen. Sie wollte frische Krüge holen.

«Marie, mein Täubchen», rief sie, «was machst du für ein saures Gesicht? Sauer, dass ja kein Bursche Lust dazu hat, hineinzubeißen.»

«Ach, Anna, ich leid mein Frauenkleid nicht. Es hängt mir so schwer an den Gliedern.»

«Es steht wirklich weit wie ein Zelt um dich», lachte Anna, «aber wart nur. Lass dich von den rauen Fingern der Burschen verwöhnen, da passt es dir bald, wie du willst.»

«Ach, Anna, ich leid die Burschen nicht», sagte Marie.

Aber Anna hatte nur Ohren für ihren Liebsten. Der hatte Durst und verlangte laut nach seinem bestellten Krug Bier. Da lief Anna eilig, um es ihm zu bringen, und ließ Marie in der Küche stehen.

Verabredung vor dem Tor

Barbara lachte. Sie war die älteste Tochter der Margaretha und des Lorenz Betsch, die beide Wagner waren und sich allezeit stritten. An diesem Tag war Barbara ihren zänkischen Eltern einfach davongelaufen, denn sie hatte sich für die Zeit vor den Abendglocken mit Marie verabredet. Und als Barbara in der Hallgasse merkte, dass ihr Entkommen gelungen war, lachte sie laut, und der Übermut ließ sie zwischen ihren eiligen Schritten ein paar krause Hopser vollführen. Und die Leute, die sie so laufen sahen, sagten: «Seht, die Bärbel hat jetzt auch einen Liebsten.»

Barbara war wohl elf Jahre alt, klein und zart, mit struppigen braunen Locken in der Stirn und lebhaften Augen darunter. «Bärbel» wurde sie auf dem ganzen Weinmarkt gerufen, und Marie nannte sie «Bärbel, mein Bärchen», denn Marie liebte über alles Braunbären, wie sie die Gaukler bisweilen in die Stadt führten.

Den ganzen langen Nachmittag war Bärbel den Eltern und dem Gesellen in der Werkstatt zur Hand gegangen. Da flickten sie die gebrochenen Speichen der riesigen Fuhrwerksräder, kerbten Radnaben neu, ersetzten brüchige Lederschlaufen durch neue und richteten Deichseln. An Arbeit war kein Mangel, denn Nördlingens Handelsherren hatten viel und oft herumzuschicken, und die Straßen hatten Löcher genug für die windschiefen Fuhrwerke, wie sie gerade auf der kurzen Strecke zwischen Nördlingen und Ulm verkehrten. Kamen sie aber von Ulm nach Nördlingen herein, so mussten sie durchs Berger Tor kommen und von dort geradewegs auf das Haus der Wagnerleute Betsch zufahren. Und die Fuhrleute hielten oft bei dem zankenden Wagnerspaar, waren sie damit doch auch gleich am Weinmarkt, wo es für ihre heißen Kehlen den besten kühlen Wein gab und die schönsten Töchter Nördlingens als Festschmaus für die Augen noch dazu.

Barbara lief durch den Alten Graben und lachte, lachte ihre Eltern, die steifbeinigen Fuhrmänner und zuletzt den ganzen Weinmarkt aus.

Da war sie schon ans Deininger Tor gelangt. Hier war der steinalte Hans Nussert Torwart, der seine Freundinnen auch ohne besonderen Passierschein und spät am Abend noch einmal hinausließ. Jedenfalls so lange, wie die Torwachen noch nicht aufgezogen waren.

«Wer da zu so später Stunde?», fragte der alte Nussert.

«Es ist nur die Barbara Betsch, die Ihr kennt, Torwart.»

«Warte, munteres Kind.» Der Alte rappelte sich auf und kam näher, sein linkes Bein schleppte er steif hinter sich her. «Der Schmerz wird mich bald ganz zu sich holen. Ein junges Gesicht erfrischt mich und wird ihn bis zum Morgengrauen bannen.

Er sah Barbara aufmerksam an.

«Deine Augen sind wie Sonne und Regen, Bärbel, das eine lacht, und aus dem anderen regnen dicke Tropfen.»

«Ich will vor dem Tor auf Marie warten», sagte Barbara.

«Und Beifuß brechen im Frauendreißiger?», lachte der Alte, denn er kannte von seiner Frau Anna, der Hebamme, so manches Kraut. Frauendreißiger aber heißt die Zeit zwischen Mariä Himmelfahrt im August und Mariä Geburt am achten Tag im September, in der eine die Kräuter brechen muss.

Barbara lachte und lief vor das Tor, wo sie unter einem Haselbusch auf Marie warten wollte.

Mild wehte der Wind aus den Feldern, es roch nach geschnittenen Heublumen und wilder Minze. Über den Hügeln umarmte die Nacht den Tag. Aber Marie kam nicht.

Unterdessen sprach Marie mit dem Sternwirt, denn das Ende ihres Dienstes war für ‹Anbruch der Dunkelheit› fest vereinbart. Doch der Sternwirt wollte sie nicht gehen lassen. «Du bist kein unverständiges Ding», sagte Michael

Reb, und seine versoffenen Wangen zitterten vor Ärger, «du siehst gut, dass wir die vier Geschworenen der Maß- und Gewichtskontrolle im Haus haben, und kannst dir leicht denken, dass wir sie festlich bewirten werden.»

Damit war jeder Widerrede das Wort abgeschnitten.

«Du wirst Apollonia helfen, dass wir eine große Pfanne heißen Krauts bekommen, mit Leberwürsten reichlich gespickt.»

Marie entfachte das Feuer im Herd und ging in den Hof, Wasser für die Würste zu holen.

Draußen schmeichelte die milde Luft ihrem Gesicht, und Marie dachte voll Traurigkeit an Barbara, die vergeblich warten würde. Als Marie noch keine Frauenkleider trug, hatte sie in der Deutschen Schule Tag für Tag neben Bärbel gesessen, mit ihr zusammen das Lesen, Schreiben und Beten gelernt. Doch seitdem Marie aus der Schule war, hatten sie nicht einmal mehr miteinander gesprochen. Selbst in der Kirche konnten sie nicht zusammensitzen, denn Barbara saß bei den Kindern und Marie bei den Jungfrauen. Sie seufzte und hob den gefüllten zinnernen Kübel so ungeschickt über den Brunnenrand, dass das Wasser auf ihren Rock schwappte. Da liefen auch Maries Augen über, und ihr Gesicht war nass vor Tränen.

«Marie!» Apollonia nahm ihr eilig den Kübel ab und füllte ihn von neuem. «Du bist wohl selbst anstelle des Kübels in den Brunnen gefallen», sagte Apollonia, als sie sah, wie Maries Kleid und Gesicht über und über nass waren.

«Putz dir das Gesicht blank und hol mir eine Menge Kraut aus dem Keller», befahl Apollonia und ging voran in die Küche. «So viele Tränen lohnt kein einzelner Bursche», sagte sie noch, denn sie dachte, Marie hätte einen Liebsten und weinte um ihn.

Maries Arbeit wollte kein Ende nehmen. Immer und immer wieder wurde sie von den Geschworenen um Wasser geschickt. Zwischendrin mussten die Leberwürste heiß werden, durften aber um Himmels willen nicht aus ihrer fettglänzenden Haut platzen. Marie hetzte zwischen Küche, Keller und Hof hin und her.

Im Keller füllten die Geschworenen ihr geeichtes Maß immer von neuem mit Wasser und gossen dann dieses ‹Soll› nacheinander in sämtliche Viertel-, Maß- und Seidelkrüge, die in der Höll zum Ausschenken und Wirtschaften gebraucht wurden. Dabei bewegten sie sich durchaus nicht so geschickt, wie es ihrer ehrerbietenden Maßarbeit angestanden hätte. Und so patschten sie bald in einer riesigen Lache, die immer höher stieg, je länger sie arbeiteten.

«Bei meiner Seel, warum nehmt Ihr für jeden Krug ein neues Maß Wasser?» Michael Reb starrte entsetzt auf den munter glucksenden See zu seinen Füßen. «Ist ein Krug ausgemessen, so könnt Ihr doch dasselbe Soll für den nächsten verwenden!»

«Wie soll einer dann wissen, welcher Krug schon gemessen ist und welcher nicht», erwiderte einer der Geschworenen gleichmütig.

«Stümper seid Ihr.» Zornbebend sah der Sternwirt ihnen zu. «So hat noch keiner die Krüge vermessen!»

«Wollt Ihr die Beauftragten der Stadt mit unziemlichen Worten antasten?» Die Geschworenen in ihren dunklen Überwürfen wandten sich drohend gegen ihn um. Und Michael Reb biss sich auf die Zunge.

Schließlich war alles vermessen und in Ordnung befunden worden, bis auf einen blauen Tonkrug, den die Geschworenen gegen die Kellerwand warfen und zerbrachen, weil er um vieles zu gering maß. Der Sternwirt sah es mit Ärger, denn der Krug war eine wertvolle Hafnerarbeit. Er hielt es aber für besser, nichts zu sagen. Schließlich musste er noch froh darüber sein, wenn die Geschworenen von einer Geldstrafe oder einer peinlichen Vermahnung im Rat absahen.

Die Wirtin und Marie brachten den dampfenden Berg von Kraut und Würsten auf den Tisch, dazu einen Laib Brot und mehrere Kannen dunklen Biers. Die Geschworenen hieben kräftig hinein und hatten sich bald durch den Berg hindurchgearbeitet. Davon bekamen sie einen mächtigen Durst und bestellten übermütig Kanne um Kanne.

Michael Reb hatte seinen Ärger unter Wurst und Bier längst begraben. Und die Geschworenen begannen lustig zu erzählen: von Geschworenen, die falsch vermessen hatten, als Tote keine Ruhe fanden und an den ungemütlichsten Orten umgehen mussten und derlei mehr. Und der Geselle, den sie bei sich hatten, zwinkerte Marie unablässig zu.

Barbara hatte lange gewartet und war dann langsam durch die dunklen Straßen zurückgegangen, immer noch in der Hoffnung, Marie würde ihr gleich entgegenkommen.

Nur zur Sicherheit und weil es für sie derselbe Weg war, wollte sie noch einmal beim Sternwirt vorbeischauen. Barbara öffnete vorsichtig die Wirtsstubentür und sah, woran sie nicht hatte glauben wollen: An einem Tisch, an dem viel gegessen und gesoffen worden war, zog ein junger Geselle Marie zu sich herab, und Marie sprach vertraut mit ihm. Barbara bebte augenblicklich vor Zorn. «Da ist dir deine Bärbel wohl nichts mehr wert!», rief sie laut durch die Wirtsstube. «Nie mehr will ich dein Bärchen sein.»

Dann lief Barbara im Zorn davon. In Windeseile war sie am Weinmarkt, lief nach Hause. Da erst überfiel sie Traurigkeit.

So konnte sie nicht wissen, wie Marie überall auf der Straße nach ihr gesucht und gerufen hatte und schließlich in die Küche der Sternwirtin zurückgekehrt war, das blasse Gesicht noch einmal ganz aufgelöst in Tränen. Und sich nicht beruhigen konnte und Apollonia endlich zu ihr gesagt hatte: «Geh nach Hause, Kind, deine Tränen versalzen mir ja das Bier in den Kannen.»

Das zweite Gesicht des alten Hirten

An diesem Tag war Maries Arbeit beim Sternwirt früher als gewöhnlich beendet. Sie wollte eilig nach Hause laufen, denn den drei jüngsten Kindern der Hindenacherin war am Morgen nicht gut gewesen. Da wäre sie in ihrer Eile fast über einen jungen Hund gestolpert, der hechelnd auf dem sonnenwarmen Pflaster mitten im Weg lag.

«Du kleine dumme Töle», sprach Marie ihn liebevoll an, «weißt du denn noch nicht, dass du hier nicht auf der Straße liegen kannst? Es braucht doch nur ein Fuhrwerk zu kommen, und das Pferd zertritt dich ganz und gar mit seinen Hufen.»

Da sah Marie, dass der Hinterlauf des Hündchens ganz mit Blut verkrustet war. Sie nahm den kleinen zitternden Körper auf und legte ihn in den Schatten.

«Armes Tierchen, wer hat dich nur so übel zugerichtet», sagte sie. «Mitnehmen kann ich dich aber nicht! Im Haus der Hindenacherin schnuffelt schon der dumme Schnuff herum, und wir sind auch keine Fleischer, dass wir uns zwei Köter halten dürfen, musst du wissen. So wird dich wohl der Abdecker und Hundefänger holen, und du wirst totgeschlagen werden.» Marie strich dem Hündchen durchs Fell. Es winselte leise und leckte ihre Hand.

Marie aber ging langsam weiter und wurde sehr traurig, als sie daran dachte, wie einsam sie war.

Sie kam zur Pfarrkirche. Vor dem Portal standen viele festlich gekleidete Menschen, und niemand durfte hinein, weil drinnen alles für eine Hochzeit vorbereitet war. So blieb Marie vor dem Portal bei den Leuten stehen, die den Bräutigam und die Braut erwarteten.

Im selben Moment begann der Glöckner mit seiner Arbeit, und bald riefen die Glocken im Gleichklang so laut, dass Marie das Pflaster unter ihren Füßen vibrieren spürte und es weitum im Land und auf den Dörfern zu hören war: dass sich in der Pfarrkirche zu Nördlingen zwei zu Mann und Frau nahmen.

Marie wurde es eng in der Stadt, sie wollte hinaus und passierte unter einem Vorwand die Torwachen des Baldinger Tores.[1]

Gleichmütig trottete sie dann die Straße entlang. Vor ihrem Schritt stob eine Schar Spatzen krakeelend davon. Sie sah ihnen nach, wie sie sich geradewegs in den Himmel zu heben schienen, der sich in solch tiefem Blau über der Ebene spannte, wie es nur an wenigen glücklichen Tagen im frühen September geschieht. Aber Marie hatte keine Augen für diesen Himmel und roch auch nicht die milde Süße des verblühenden Klees, der die Bienen und Hummeln über den Festwiesen tanzen ließ.

«Ach», sagte sie betrübt zu sich selbst, «wie bin ich doch einsam und verlassen. Einsam wie das Storchenkind, das aus dem Nest gestürzt war, als es noch nicht fliegen konnte, und verlassen wie der Fischkopf auf dem Pflaster des Marktes, wenn die Fischhändler fort sind. Verlassen hat mich Bärbel, mein Bärchen, und ist böse mit mir. Einsam bin ich neben Anna, die nur noch Augen für ihren Burschen hat. Ach, warum schneit es nicht im Sommer, warum regnet es keinen Klee, mein armes Herz.»

Während Marie so mit sich sprach, war sie im Bogen um das Kirchlein von St. Johanni herumgegangen und lief

---

[1] Durchs Tor kamen die Nördlinger tagsüber nur mit Passierscheinen, auf denen der Zweck ihres Auswärtsganges verzeichnet war. Nachts wurden die Tore verschlossen, niemand gelangte hinaus oder herein.

jetzt auf die Eger zu. Hier wollte sie im Schatten der Bäume am Ufer allein sein mit sich.

Als sie sich dem Flüsschen näherte, sah sie schon von weitem ihren alten Freund Bartel, den Rinderhirten, der sein Vieh gern an die saftig bewachsenen Seiten der schmalen Eger trieb. Bartel war alt, mit zahnlosem Mund und einer rund gebogenen Knollennase, die geradewegs mit dem hervorspringenden Kinn zusammenzuwachsen schien. Seine Augen lagen tief versteckt unter den gewaltigen Büscheln seiner Augenbrauen. Darüber thronte eine speckige Lederkappe, die eine Menge grauen zotteligen Haares verbarg. Bartel war alt und hässlich und roch dazu nicht viel anders als die Rinder des Spitalhofes, mit denen er sommers Tag und Nacht zusammen verbrachte. Die Leute wichen Bartel aus, wo sie konnten, und sagten, er besitze unter seinem Lederhut wohl noch weniger Verstand als die Viecher vom Spital. Andere sagten, so etwas solle man nicht laut sagen, weil das eine Beleidigung für das ganze Spital sei. Und wieder andere sagten, Bartel habe das zweite Gesicht.

Marie mochte den Alten und hatte alle Angst vor ihm verloren, seitdem Ursula Haider sie des Öfteren mit zu ihm hinaus genommen hatte, wo die beiden über Sterne und Himmelszeichen verhandelten, von denen Marie nichts verstand.

«Bartel, kennst du mich nicht mehr?», sprach Marie den Alten an, der durch keine Bewegung verriet, ob er sie hatte kommen sehen oder nicht. «Was schaust du so versunken auf deine Nase? Bist du traurig wie Marie, die keine Freundin mehr hat?»

Bartel stand starr und sagte kein Wort. Nur seine Hände, mit denen er sich auf einen krummen Ast gestützt hielt, zitterten. Und als Marie sich ein wenig bückte, um seine tief liegenden Augen unter den Brauen zu entdecken, da sah sie, dass er sie geschlossen hielt.

«Bartel, du musst die Augen aufmachen!», rief Marie ihm ins Gesicht. «Das Vieh wird zu den Oettingenschen hinüberlaufen und sich auf und davon machen, wenn du nicht nach ihm siehst!»

Doch Bartel schüttelte nur ganz leicht den Kopf und rührte sich sonst nicht.

«Bartel, mach die Augen auf! Vor dir steht Marie. Du bist ein schlechter Kuhhirt, und ich glaube, du hast jetzt wirklich allen Verstand verloren, wie die Leute sagen.»

So versuchte Marie, Bartel zum Widerspruch zu reizen, doch er rührte sich nicht, und sie sah ihn ratlos an.

Dann sprach Bartel mit einer hohen, zarten Stimme, wie Marie sie noch nie von ihm gehört hatte: «Das Feuer – ich habe es gesehen. Es rollt über Land wie eine Kugel, ein Feuerball – wird immer größer –»

«Du siehst ein Feuer in der Stadt ausbrechen, Bartel?», fragte Marie.

«Das Feuer frisst keine Häuser, keinen Baum – es steht als Kugel vor dem Stadttor. Ein Schwein trägt Purpur, und ein Fuchs spielt das Krummhorn dazu – ich habe es gehört. Eine Frau hetzt durch die Straßen, sie ist ganz nackt, es ist Ursula in ihrer Not – ich habe es gesehen. Ich bete zu Gott und Saturn, doch der Himmel ist leer. Alraune vertrocknet – alles umsonst.»

«Mein Gott, Bartel», sagte Marie, erschrocken über

seine Rede, «du musst zu dem Herrn Jesus Christus beten, dass er dir deinen Verstand wieder schenkt.

«Alles umsonst», fuhr Bartel mit derselben unwirklichen Stimme fort, «der Sensenmann sitzt auf dem Kutscherbock, daneben sein treuer Knecht: der gelehrte Doktor mit den toten Augen – Kröte und Fisch hält er leblos im Arm. Und auf dem Wagen fahren sie die Toten aus der Stadt – mit schrecklichem Klirren – bald jede Nacht, bald jedes Weib. Hüte dich, feines Kind!»

«Bartel, mich friert bei deiner Rede, und ich erkenne dich nicht wieder», sagte Marie traurig. «Ich will nach Hause gehen.»

Da richtete Bartel den Blick auf sie und sah sie mit fremden Augen lange an. Marie erwiderte seinen Blick, aber sie verstand ihn nicht und wusste nichts mehr zu sagen.

Ganz einsam und im Gefühl, von allen verlassen zu sein, ging Marie zurück zum Baldinger Tor. Als sie die Torwachen passierte, war die Dämmerung gerade angebrochen.

Im Haus der Hindenacherin angekommen, hörte sie, dass die drei jüngsten Kinder an diesem Tag schwer am Fieber der Durschlechte[2] erkrankt waren.

---

2 So nannte man damals die Pocken.

Besuch des Schwarzen Gesell

Im Haus der Hindenacher war es still geworden, und in all seinen Winkeln roch es gefährlich nach Kräutersud und Salben. Die drei jüngsten Kinder lagen jetzt schon seit acht Tagen krank an der Durschlechte, die mit ihrem Fieber von Abend zu Abend bösartiger geworden war. Beruhigt war die Hindenacherin lediglich in dem Gedanken, dass sie Ursula im Haus hatte, die als Hebamme mit dem Fieber umzugehen wusste wie kaum eine zweite.

Kurz bevor Marie an diesem Tag das Haus verlassen hatte, um zum Sternwirt zu gehen, hatte Ursula zu ihr gesagt: «Bring mir die alte Nussartin mit, wenn du wiederkommst. Das Fieber greift den kleinen Jörg heute so hart an, dass ich bald nichts mehr dagegen auszurichten weiß. Die Nussartin soll ihr Kraut mitbringen, sie wird schon das Richtige wissen.»

Während Marie nach der Arbeit durch die Straßen lief, um die Nussartin zu suchen, saß im Haus der Hindenacher der Straußbader. Martin Hindenach hatte ihn um ein Mittel für den kleinen Jörg gefragt. Breitbeinig saß er da und lamentierte: «Nun haben die Wunden zweierlei Heilung: innen und auswendig! Man muss aber wissen, dass die inwendigen böser als die auswendigen sind. Das Höchste aber in allen Wunden zu heilen ist die inwendige Mumia. So ist Balsamus mumiae die höchste Arznei.»

Martin Hindenach hörte ihm mit Staunen zu: Ursula aber sagte, der Bader solle mit seinem gelehrten Geschwätz aufhören, wenn er doch kein Mittel wisse.

Da packte der Straußbader beleidigt seine Sachen zusammen und sagte: «Was ich doziert habe, ist höchste Wissenschaft, denn ich habe es gedruckt in einem Buch gelesen, das ich für teures Geld von einem Wundarzt kaufte.»

Aber Ursula lachte nur.

Martin Hindenach brachte den Straußbader, der es plötzlich sehr eilig hatte und der Frau des Tuchscherers noch Schröpfköpfe[1] setzen wollte, zur Tür.

Ob etwas Wahres an den Worten des Straußbaders gewesen sei, überlegte Martin Hindenach noch, als sich das Haus längst gefüllt hatte mit den Frauen aus der Nachbarschaft, den Paten der Kinder und Bekannten Ursulas.

In der Stube schwatzten und husteten sie, debattierten alle heftig durcheinander, als Marie wenig später mit der alten Nussartin eintraf. Ihr erster Blick ging zu dem kleinen Jörg, der in der Bettstatt seiner Eltern lag mit rot glühendem Kopf, die geschwollenen Augenlider geschlossen, fast erdrückt von den gewaltigen Kissen. Am Fußende kniete Maria Hindenach und betete laut und unablässig, wohl schon seit Stunden:

«Gott, mein lieber Herr,
lob dich bei Tag und Nacht,
ich will dich auch tun ehren,

aber vermehre mein Kreuz nicht und nimm mir nicht dieses Kind, das so schwer aus seiner Mutter Leib geboren

---

1 Mit Hilfe kleiner Einschnitte in die Haut und darüber gestülpter Sauginstrumente wird Blut abgenommen. Man hielt diese Methode für geeignet, um Hautkrankheiten, aber auch Krankheiten innerer Organe in Brust oder Bauch zu bekämpfen.

wurde. Dessen erste Stunden ich in Angst zählte und das ich, ehe es dem Teufel zufallen konnte, getauft habe, wie es dir gefällt. Von vielem bin ich geplagt, und mein Kreuz vermehrte sich mit der Zahl der Kinder, die ich gebar. Und habe sie doch lieb und leide nicht, dass du ihn zu dir nehmen willst, denn es ist ein Junge, an dem ich meine Freude habe und der Gottes Wort liebte, das ich ihm sagte, sobald er es verstand. Herr, mein Gott, Pater noster, der du bist im Himmel, gepriesen sei dein Name,

> lob dich bei Tag und Nacht,
> ich will dich auch tun ehren,
> aber vermehre mein Kreuz nicht ...»

Am Herd standen die Frauen aus der Nachbarschaft, unter ihnen Margaretha Getzler, die Getzlerin genannt wurde, und Maria Marb, die Marbin, und Marie hörte, wie sie redeten:

«Sieh nur, wie die Maria um ihr liebes Kind betet, aber es wird ihr nicht helfen», sagte die hoch gewachsene, vierschrötige Getzlerin. «Ich habe gesehen, wie sie dies Jahr im Garten ihren Kohl gepflanzt hat! Bald darauf waren die Kohlblätter übersät mit weißen Flecken, das heißt: Eines der Ihren muss sterben. Es waren aber so viel Kohlköpfe weiß gefleckt, dass ich sie nicht habe zählen können – wer weiß, wie oft es dem Knochenmann gefällt, noch eines der Ihren zu holen.»

Die alte Marbin antwortete ihr mit verständnisvollem Kopfnicken. «Ja, die weißen Flecken im Kohl! Da muss eine darauf Acht geben! Maria Hindenach hat auch nicht sehen wollen, wie das Marienblatt in ihrem Garten geblüht hat: So aber kündet sich der Tod an.»

«Hat sich der Tod auf diese Weise vielfach angesagt, so nützt auch kein Plärren und Weinen», erwiderte die Getzlerin und wandte ihr hartes Gesicht der Hindenacherin zu, die nichts gehört zu haben schien und weiter laut um das Leben ihres Kindes betete.

Die Paten aber hatten aufgemerkt. «Was reden diese alten Weiber so närrisch von Kohl und weißen Flecken», sagte einer. «Der Barbier soll kommen und einen Aderlass machen. Das Kind hat inwendig zu viel Blut, die Haut ist ja bis zu den Zehen purpurrot davon!»

Martin Hindenach hatte schon nach dem Barbier schicken lassen und haderte, da der nicht kommen wollte, mit seinem Schicksal: «Dass es gerade mein Söhnchen sein muss», jammerte er, «habe ich doch nur zwei. Und ob der ältere so gut gerät wie der kleine Jörg? Der ältere neigt zum Fressen, ist schon ein rechter Fettwanst geworden in seinen jungen Jahren ...» Mit schweren Schritten ging er in der Stube auf und ab und ließ die Tür nicht aus den Augen.

«Martin, du musst deinen Bub segnen», rieten ihm die Paten. «Sieh nur, dein Bübchen will bald in seine letzten Züge fallen.»

Martin Hindenach stellte sich aufrecht an das Bett des Kindes und segnete es nach der Art der Väter: «Aus der Kraft und Macht, die ein Vater hat, sein Kind zu segnen mit göttlicher Gebenedeiung, so wünsche ich dir, dass dir Gott der Herr will geben Gnade und Barmherzigkeit, damit du dich in dein Schicksal fügst und so Gott ehrst und all dein Geschlecht.»

Da fuhr Maria Hindenach auf und schrie: «Was tust du, Mann, du segnest das Kind vor der Zeit. Hilf mir! Es wird sterben! Gott, mein lieber Herr, lob dich bei Tag und Nacht ...», fiel sie wieder in ihren alten Singsang zurück.

«Es ist dasselbe Fieber, wie es der Knecht von Utzmemmingen hatte, der jetzt in der Krone arbeitet», sagte die alte Nussartin, die in ihren schwarzen Kleidern fast unbemerkt von allen übrigen am Herd saß und in einem kleinen Messingkessel eine Salbe rührte. «Mach ihm Umschläge, Ursula, dass das Fieber zurückgeht, nimm meine Salbe dazu!»

Aber Ursula Haider hatte schon einen Kübel heißen Wassers in der Hand und tauchte Lappen hinein, mit denen sie die Beine des kleinen Jörg umwickelte. Dann legte sie ihm ein Amulett auf die Brust und deckte es zu. Das Kind atmete laut, mit weit geöffnetem Mund, der Schweiß floss ihm zu beiden Seiten des Gesichts herab. Die Paten beobachteten es wortlos und legten Bilder vom gekreuzigten Christus auf die Decke des Bettes.

Ursula ging zum Herd und hob einen neuen Kessel vom Dreifuß, in dem sie über Stunden schon die feinsten Kräuter gekocht hatte. Sie seihte das Gebräu durch ein Tuch und tauchte frische Lappen in den Sud, die sie dann vor dem Gesicht des Kindes schwenkte, um ihm auf diese Weise das Atmen zu erleichtern. Dann steckte sie kleine Zweiglein vom Lebensbaum, der auch Buchsbaum heißt, an alle vier Ecken des Bettes und sprach kräftige Worte, die die Marter vom kleinen Jörg nehmen und seinen Willen zum Leben wieder hervorlocken sollten.

Marie ging Ursula zur Hand, die jetzt zwischen heißen und kalten Umschlägen abwechselte. Die Marbin redete von Eibenwasser, das eine nehmen müsse, die Getzlerin nickte wissend.

Die Paten, inzwischen ganz wortlos geworden, schauten auf Martin Hindenach, der ruhelos auf und ab ging und sich nichts Besseres wusste, als immer noch auf den Barbier zu warten, der nicht kommen wollte.

Ursula hielt die Hand des kleinen Jörg in der ihren und fühlte seine Pulsschläge schwächer werden.

Wenig später zerrieb sie zwischen den Händen einige Rosmarinzweige, die sie in die Glut auf dem Herd streute. Sofort verbreitete sich im ganzen Raum der wohl tuende Duft von Rosmarin. Da wussten alle, dass der Tod ins Zimmer getreten war und sein Werk getan hatte, während sie noch auf ihn gewartet hatten.

Die Paten verließen das Haus, mit ihnen die beiden Freundinnen Ursulas und die alte Nussartin. Maria Hindenach streichelte ihren kleinen toten Jungen, bis sie von Martin aufgehoben und zu ihrer Schlafstätte geführt wurde. Denn sie getraute sich nicht, bei ihrem toten Kind zu wachen.

Das wollte Ursula an ihrer Stelle tun, und bei ihr blieb Marie. Abwechselnd sprachen sie ihre Gebete für das tote Kind. Als der Morgen zu grauen begann, öffnete Ursula die Fenster und sagte: «Ich will den Seelenvogel hereinlassen, dass er die Seele des kleinen Jörg mit in den Himmel nehmen kann.»

Marie ging zum Fenster und sog die kühle Morgenluft eines frühherbstlichen Tages begierig ein. Dann wandte sie sich um und fragte: «Sag, Ursula, fürchtest du dich nicht vor dem Tod?»

«Ich habe ihn so oft gesehen, wie ich Kinder zur Welt kommen sah», antwortete sie. «Wird eines geboren, so riecht es im Haus der Wöchnerin nach Rosmarin, stirbt eines, so ist es wieder Rosmarin, der uns mit seinem Geruch tröstet. Ein Lebensbaum hat immergrüne Blätter und geht doch eines Tages ein, der Blitz trifft ihn, oder ein stumpfer Holzfäller schlägt ihn zu Tode. So leben wir mit dem Schwarzen Gesell und sind niemals allein, weil es ihn gibt.»

Ursula schaute Marie aus großen grauen Augen an, Marie wusste sich ihren Blick nicht zu deuten.

«Ich bin so einsam, so verlassen in meiner Haut», sagte Marie schließlich. «Ich weiß nicht, wie ich leben soll, wenn ich meine Mutter nicht finde, die es mir sagen könnte. Alle anderen hab ich verloren, seit ich als Frau gelte in diesen Kleidern. Die haben mir nichts als Unglück gebracht.»

Die alte Ursula sah Maries Einsamkeit, nahm sie in die Arme und streichelte sie lange: «Du bist ein gutes, einsames Kind», sagte sie, während es Marie schien, als wäre Ursulas Blick seltsam in die Ferne gewandt. «Deiner schönen Mutter geht es gut», fuhr Ursula fort. «Ich habe sie vor noch nicht wenigen Nächten gesehen. Sie ist eine Schusterin geworden, mit Haaren auf den Zähnen, die einen kleinen Bruder von dir aufzieht ...»

«Du redest wie im Traum, Ursula», sagte Marie und umarmte sie heftig. Da sah sie durch das geöffnete Fenster einen Vogel wie einen Mauersegler vorbeistreichen.

«Der Seelenvogel», flüsterte Ursula, «jetzt hat ihn der große Geist zu sich geholt, so wie es Gott will. – Geh nach oben, Marie, du sollst jetzt ausruhen. Ich will in deinem Schlaf bei dir bleiben, wenn du es willst.» Und sie küsste Marie auf die Stirn.

Auf einmal war Marie sehr müde, die Glieder wurden ihr bleiern schwer. Sie ging nach oben in die Kammer, wo die beiden Ältesten der Hindenacherin schliefen: Leise zog sie sich den Rock über den Kopf, löste ihr Mieder, öffnete dann das Fenster und sah mutig hinaus in den herbstfrischen Himmel, denn sie fühlte sich nicht mehr einsam.

Als sie sich zu Bett legte, hörte sie unten im Haus schon die Paten, die in aller Frühe gekommen waren, um das Nötige für die Beerdigung des toten Kindes zu regeln. Wohl von der kühlen Morgenluft, die in die Kammer strömte, war der kleine Stieglitz, den sich die Kinder als Spielvogel in einem Käfig hielten, aufgewacht und begann mit seinem Morgengezänk und war nicht mehr zu beruhigen.

In der Sonntagsschule Dem Tag der Beerdigung war eine Nacht gefolgt, in der der Himmel alle seine Schleusen geöffnet hatte und Wasser in solchen Mengen auf die Erde schüttete, dass es die Steine im Pflaster lockerte und die Maulwürfe in ihren unterirdischen Gängen ertranken. Und die Trauernden, die sich so in der großen Trauer des Himmels aufgehoben fühlten, waren getröstet.

Der darauf folgende Morgen verwöhnte sie mit einer Sonne, die glühend rot über den Hügeln aufging und die Wolken im tiefen Himmel wie Flammenschiffe herumfahren ließ. Dieser Tag, den der Himmel so festlich begann, war ein Sonntag, der Tag, an dem nicht gearbeitet wurde, und der Tag, an dem Marie zur Sonntagsschule ging.

Leichtfüßig lief sie am frühen Morgen durch die Gassen und sah die Farben in der durchsichtigen Luft leuchten wie sonst nie. Das tiefe Rotbraun der Dächer strahlte, im grauen Pflaster glitzerten silberne Funken, goldbraun blitzten die Fensterscheiben, und die Hauswände, die an gewöhnlichen Tagen nur rostrot oder taubenblau waren, erschienen jetzt kräftig rot oder blau. So feierte die Stadt in ihrem strahlenden Festkleid diesen Morgen.

Einzig die Pfützen zeugten noch von dem großen Tränenvergießen der Nacht und standen breit glänzend in allen Löchern, die Wege und Straßen boten. Während Marie ihnen in weiten Bogen auswich, kamen ihr die Frauen in den Sinn, wie sie sich im Gehen in den Hüften wiegten und die hundert Falten ihrer Röcke gleichmäßig nach rechts oder links schwappen ließen. Sie wollte auch so zierlich und wippend gehen. So bog sie die Hüften nach rechts oder links und streckte ihr Becken nach vorn oder hinten, aber ihr Rock wollte keinen Schwung bekommen und hing nur lustlos kraus an ihr herunter. Sie versuchte es immer wieder, und am Ende tat sie viel mehr Schritte zur Seite, nach rechts oder links, als dass sie vorwärts ging, und eher sah's nach Veitstanz aus, als dass ihr Rock gewippt oder ihre Hüften sich gewiegt hätten. Und Marie lachte. Hopste und wunderte sich, wie eine so merkwürdig gehen könnte, und lachte.

Sie lief auf das Haus hinter dem Fischmarkt zu, in dem die Götzin für die Mädchen ihre Deutsche Schule hielt. Die Götzin war eine dicke, runde Matrone, mit Armen, so prall wie Fischblasen kurz vor dem Platzen. Sobald sie die Stubentür hinter ihren Küken, wie sie die Schülerinnen nannte, geschlossen hatte, redete sie in einem fort und zwirbelte sich dabei unablässig die langen einzelnen Haare, die ihr lustig auf den Wangen wuchsen. Schimpf und Schelte gingen ihr so leicht von den Lippen und Verwünschungen in so großer Zahl, dass die Mädchen gelernt hatten, sich unter ihrem Redeschwall zu ducken wie unter einem leichten Sommerregen, der einem nichts anhaben kann.

Heute stand die Matrone vor der Tür ihres Hauses und erwartete ihre Schülerinnen.

«Was tänzelst du auf der Straße, eitel wie ein balzender Pfau», fuhr sie Marie an. «Ist dir das Dasein in den Frauenkleidern schon zu Kopf gestiegen? Der Gang einer Jungfrau zur Kirche soll wohlgefällig sein. Denn nicht zum Tanze hat uns Gott die Füße gegeben, sondern dass wir auf dem rechten Weg wandeln. Marie, mein trauriges Küken, merke dir das!»

Marie hörte still zu, und die Matrone war's zufrieden.

Jetzt kamen auch die anderen Mädchen, unter ihnen Bärbel. Die war fröhlich mit den anderen und sah Marie nicht an.

«Meine Küken», begrüßte sie die Matrone, «es ist heute ein besonderer Tag. Wir werden jetzt zur Lateinschule der

Jungen hinübergehen, wo uns der Rector und der Kantor erwarten. Dort werden die Übungen für eine gottgefällige Comoedia¹ beginnen, wie sie der Rector zur Hochzeit des neuen Magisters in der Pfarrkirche aufführen will. Ihr werdet die zwölf Jungfrauen vorstellen, eine erhabene Aufgabe. Singt nur so klar und deutlich, wie ihr es gelernt habt, und haltet den Mund, dies ungestüme Laster der Frauen, fein still. Fasst euch zu Paaren an den Händen und folgt mir mit dem Lied ‹Hab allweg lieb das christlich G'sang...›»

Die Mädchen taten, wie die Matrone sie geheißen hatte, und singend setzte sich der Zug hinter der Matrone in Bewegung. Und die Leute, die sie so gehen sahen, sagten: «Seht, über den Markt kommt eine alte Henne mit zwölf singenden Küken!» Über den Fischmarkt gingen sie und über den Rübenmarkt und waren dann am Haus der Lateinschule, das gerade gegenüber dem Altarschiff der Pfarrkirche gelegen war.

Der Unterrichtsraum der Lateinschule war von einer Kargheit, die für Marie eine viel größere Gelehrtheit ausstrahlte als die vollgestellte Wohnstube, in der die Götzin unterrichtete. Die Mädchen der Deutschen Schule und die Jungen der Lateinschule stellten sich jetzt, in zwei Haufen ordentlich getrennt, auf und wagten nicht, sich zu rühren.

Das Sonnenlicht fiel mild durch die böhmischen Gläser der Fenster, als der Rector, ein altes verknittertes Männchen in ebensolchen Kleidern, zu reden begann.

---

1 Bezeichnung für das Kunstdrama, insbesondere für das Drama mit positivem Ausgang (Lustspiel), im Gegensatz zur Tragödie, dem Trauerspiel

«Gelobt sei Jesus Christus», sagte er.

«In Ewigkeit. Amen», antworteten ihm die Schüler.

«Wir sind hier, die Mühen für eine Aufgabe von hohem Rang auf uns zu nehmen», sagte der Rector mit einer hohen fisteligen Stimme. «Die Stadt erwartet die Verheiratung der Patrizierin Margaretha Gehring mit einem Gelehrten, der aus Tübingen gerufen wird und als ein Magister Artium[2] die Lateinschule leiten soll. Hoch gelehrte Professoren aus Tübingen und Würzburg werden die Stadt zu diesem Spectakel besuchen. Und das Urteil, das sie über den Zustand der Schule und die Schüler Nördlingens abgeben, soll ein günstiges sein. Darüber hinaus wir auch dem Rat beweisen wollen, dass nicht nur ein Magister Artium, sondern auch ein Rector, der den großen Melanchthon[3] noch selbst reden und disputieren gehört und darin seinen Geschmack gebildet hat, zu einem guten Ziel gelangen kann. Ein Magister Artium mag ein gelehrter Mann sein, sofern er aus Tübingen kommt, aber dennoch ist das Agieren mit den Schülern von ganz eigener Art, und die Ergebnisse sind abhängig von vielerlei Umständen außer der Gelehrtheit.»

Die Matrone hatte ihre dicken Ballonarme über dem Bauch gefaltet und wiegte zustimmend ihr rundes Haupt. Der Kantor nickte so eilfertig, dass ihm die Brille auf das äußerste Ende der Nasenspitze rutschte.

«Darum werden wir die Comoedia vom verlorenen

---

2 Gelehrtentitel, vergleichbar dem heutigen «Doktor»
3 Philipp Melanchthon, 1497–1560, Reformator, Hauptmitstreiter Luthers, trat bis zu seinem Tod für die Wiederherstellung der Einheit der Kirche ein.

Sohn in Szene setzen», fuhr der Rector fort, «denn sie lehrt uns, dass es nicht allein auf die Arbeit, den Fleiß und die Ehr ankommt, sondern auf ein reumütig Herz, das Gott gefällt. Da die Schüler der Lateinschule die Comoedia schon viele Male geprobt haben, werden wir uns gleich den Actus[4] vornehmen, wo die Mägdlein von der Deutschen Schule die Jungfrauen vorstellen werden, damit das Ganze eine größere Wirkung hat.

Des Metzgers Martin spricht den Hurenwirt. Der Hurenwirt jagt den verlorenen Sohn, der bei ihm liederlich geprasst und Hab und Gut versoffen hat, auf und davon. Dann klagt der Hurenwirt seine Not: Sein Gewerbe will ihm keinen Verdienst mehr bringen, sein Haus bleibt leer, denn durch Luthers Lehre ist der Ehestand ein ganz neuer und heiliger geworden. Was wir groß herausstellen möchten, denn die Comoedia soll ja auf einem Hochzeitstag gespielt werden.»

«Sehr schön, wie sich der Herr Rector das gedacht hat», hauchte die Matrone.

«Im ganzen Actus nun», fuhr der Rector ungerührt fort, «wo der Hurenwirt sein schweres Erdenlos beklagt, da ziehen die zwölf Jungfrauen mit langsamen Schritten über die hintere Szene. Das gibt einen Eindruck davon, warum sich des Hurenwirts Haus leert, denn die Jungfrauen leben in der reinen Lehre, sie führen ein Leben ohne Ausschweifung und Hurerei. Es muss aber eine sein, die die Jungfrauen anführt, von besonderer Anmut und Innigkeit. Welche schlagt Ihr vor, Götzin?»

---

4 Akt oder Aufzug, ein fester Abschnitt der Handlung in einem Drama

«Nehmt die Marie, Rector», sagte die Matrone ohne Zögern, «die hat die Schule beendet und ist jetzt eine richtige Jungfrau. Anmutig ist sie und in allem bemüht, das Rechte zu tun.»

Marie musste vortreten und bekam ihren Platz an der Spitze der elf anderen Mädchen zugewiesen. Ihre Augen glänzten wie helles Messing in der Sonne, aber Bärbel sah sie nicht einmal an.

Angeführt von Marie, schoben sich die Mädchen an der Wand der Schulstube entlang, in deren Enge sie nur andeuten konnten, was in der Kirche zu großer Wirkung gelangen sollte. Währenddessen sprach Metzgers Martin:

«Da hört meiner großen Mühsal zu,
Hab weder Tag noch Nacht kein Ruh.
Ich sage, dass ihr's hören sollt,
der Luther hat allein die Schuld.
Seit er geschrieben und gelehrt,
hat sich die ganze Welt verkehrt.
Das größte Übel, das ich weiß,
dass er verdammt die Unkeuschheit.
Wer soll jetzt die arme Dirne ernähr'n,
die Spinnen, Nähen nicht (hat) gelernt?
Im Paradies hatte Adam ein echt Weib,
davon ist herkommen aller Zank und Streit.
Besser also, der Mann bleibt allein,
behilft sich mit den Frauen insgemein.
Luthers Sach bringt uns den größten Schaden,
das sei dem Luther selbst auch geraten.»

«Und bei diesem eindrücklichen Punkt wollen wir jetzt ein schönes Lied haben, Herr Kantor», sagte der Rector.

Der Kantor teilte eilig die Notenblätter aus und bestimmte: «Wir nehmen das Lied ‹Gott sieht an allen Orten des Herzens Glauben ...›», und gab den Ton vor.

Nach kurzer Zeit unterbrach der Rector: «Es ist gar zu trutzig, wenn es so sehr aus der Tiefe kommt, Kantor!»

«Wir wollen in der Kirche eine Flöte und Fiedel dabeihaben», erklärte der Kantor, «dass es einen helleren Ton dabei gibt. Dann nehmen wir das Lied eine Stufe höher, dass es wie ein rechter Jubel klingt.»

«Schon recht, der Herr Kantor», sagte der Rector, «schon recht.» Und die Schüler beendeten das Lied so tief, wie sie es begonnen hatten:

> «*Darauf ist fest zu bauen,*
>
> *er ist das Fundament,*
>
> *wer weiter um tut schauen,*
>
> *der hat sich selbst geblend.*»

«Jetzt kommen wir an den Punkt, wo der verlorene Sohn, Akulastus, selbst vortritt», sagte der Rector. «Das wird Caspar, des Stadtschreibers Sohn, sein, der von allen Knaben das beste Latein spricht.»

Aber Caspar stand inmitten der Jungen und schaute selbstvergessen den sonnengelben Flecken zu, wie sie auf den blanken Holzdielen des Fußbodens kreuz und quer tanzten. Und hörte von der Aufforderung des Rectors nichts.

«Akulastus soll seinen Actus aufsagen», befahl der Rector. Die Wut, die sich in ihm zusammenbraute, ließ das Stöckchen, das er mit beiden Händen hinter dem Rücken hielt, deutlich zittern.

Da stieß Marie, die als Jungfrau hinter den Knaben zu stehen hatte, Caspar von hinten leicht an. Er zuckte zusammen und drehte sich zu ihr um. «Nicht doch», flüsterte Marie, «da ...» und zeigte auf den Rector.

«Man braucht die Mädchen und Knaben doch nur ein Mal zusammenzubringen», sagte der Rector grimmig, «schon fangen sie wie junge Hunde an, umeinander zu streichen.»

Und die Matrone fiel ein: «Es ist nur zu wahr, Herr Rector, wie das Laster ein zählebiges und schwer auszurottendes Übel ist, das schon ...»

Der Rector, unwillig über ihren schnellen Beifall, winkte ihr mit einer Handbewegung ab und sagte dann mit schneidender Stimme: «Nun? Der Rockzipfeljäger und Tunichtgut Caspar?»

Caspar begann, mit gesenkten Augen und ohne an eine Entschuldigung zu denken, seinen Text vorzusagen:

«Meinem Vater wollt ich folgen nie,
drum steh ich jetzt so schändlich hie ...»

«Es ist gut», unterbrach ihn der Rector, «wir können es für heute dabei belassen und schließen unsere Übung mit einem Lied, Herr Kantor!»

Der Kantor wies den Kindern das Lied zu, und alle sangen sie inbrünstig eines ihrer liebsten Lieder. Laut schallte es aus dem stickig überfüllten Raum der Lateinschule und war weithin auf dem Rübenmarkt zu hören: «Wachet auf, ruft uns die Stimme ...»

Nur die Matrone bewegte die Lippen, ohne dass ihnen auch nur ein einziger hörbarer Laut entwich. Denn sie hatte einen rauen und tiefen Bass, der noch dazu nicht an einem Ton festhalten konnte. So war ihr das Chorsingen schon von früh auf untersagt worden.

Das Lied war kaum beendet, da sprang Marie hinaus und suchte Bärbel. Aber Bärbel war schon fort und hatte Marie nicht einmal angesehen.

Das Blutzeichen

Die Getzlerin kam aufgeregt in die Sternwirtschaft gelaufen.

«Marie», rief sie, «Marie, geh gleich nach Hause. Vor Stunden schon hat über eurem Haus das Käuzchen geschrien, und kläglicher noch war der Ruf der Nachteule. Lauf schnell! Es ist ein Unglück über euer Haus gekommen.»

Marie zögerte keinen Augenblick, ließ Kannen und Humpen stehen und lief so schnell sie konnte.

Alles war wie am Tag in der Woche zuvor: das Haus voller Paten und Nachbarn, aus Töpfen und Tiegeln der beißende Geruch von Salbe, in den Fenstern Totenlichter. Über dem Haus lag schwach der Duft von Rosmarin, denn das Kind war schon am hellen Nachmittag gestorben, plötzlich und früher als erwartet.

Es war das kleinste, das immer so ruhig in seinen

Windeln gelegen hatte. Ursula hatte es schon in ein leinenes Tuch genäht, das war sein Totenkleid. Maria Hindenach hatte keine Tränen und kein Gebet mehr, die waren aufgebraucht im Kampf um das Leben ihres Jüngsten. Groß und aufrecht stand sie in ihren schwarzen Kleidern an der Bettstatt, auf der wie ein Bündel Leinen das Kleine winzig lag.

Nicht viel größer war die hölzerne Bahre, um die unbeweglich die Paten standen, mit starren Gesichtern, die Augenlider halb geschlossen, und ihren schmutzig weißen Hauben, im matten Schein der wenigen Lichter fast selbst schon wie tot. Eine von ihnen, deren Atem in der Stille laut rasselnd zu hören war, hielt einen Strauß von Elsbeere und Johanniskraut in der Hand. Das Kind sei ein wahres Engelein, hatte sie gesagt, und wenn sie es mit dem Strauß berühre, hätte sie damit ein Heilmittel gegen allerlei Krankheit gewonnen.

Eine Schwester der Hindenacherin, eine spitznasige, blasse Person, gehörte zu den Paten des jüngsten Kindes und hatte die hölzerne Bahre vom Schreiner besorgt und sie mit frischem Stroh bedeckt. Denn es sollte weich darauf liegen und im Himmel gut von ihr denken.

Das tote Kind durfte auf der Bettstatt seiner Eltern nicht länger liegen. Es war seine letzte Nacht auf dieser Erde. Wie leicht hätte es die, die für gewöhnlich in diesem Bett schliefen, mit sich fortreißen können. Also sollte das Tote diese Nacht in seinem eigenen Bett, der strohbedeckten hölzernen Bahre, schlafen.

«Nimm mein totes Kind und leg es auf seine Bahre», sagte die Hindenacherin zu Ursula, die am Herd stand und

Windeln und Laken, worin das Tote zuletzt gelegen hatte, sorgfältig wusch.

Ursula aber starrte unverwandt in den Kessel mit den Wäschestücken und antwortete: «Nein, ich will nicht,»

Die Paten wandten ihre regungslosen Gesichter Ursula zu.

Marie hielt erschrocken den Atem an. Wie kam Ursula dazu, sich zu weigern? Wie konnte sie der Hindenacherin diesen Wunsch abschlagen? Niemand durfte das. Unerklärlich war das, Unheil kündigte sich so an. Die Hindenacherin aber blieb still in ihrer furchtbaren Traurigkeit.

«Nimm es, Ursula, und leg es auf sein Totenbett», sagte sie endlich noch einmal, langsam und müde. «Du hast es gewaschen und in sein Totenkleid genäht. Du musst es in ein Bett legen, sonst findet es keine Ruhe.»

Die Paten sahen Ursula böse drohend an, doch die schüttelte den Kopf. «Ich kann es nicht», sagte sie leise.

Da lief Marie hinzu, streckte die Arme nach dem Kind aus und wollte es in sein Totenbett tragen.

«Nein, Marie», sagte die Hindenacherin scharf, «du tust das nicht. Es soll Ursula sein, die mein Kind an der Hand hielt in seiner Todesstunde. Ursula!»

Martin Hindenach fasste seine Frau sacht um die Schulter, doch sie schüttelte ihn ab.

«Lass, ich weiß, was ich tue», sagte sie. «Ursula! Trag das Kind auf sein Totenbett. Ich befehle es dir als Hausfrau, deren Brot du isst, als Mutter, deren Herz vor Kummer fast zerspringt, als Freundin, die todmüde geworden ist an diesem Schmerz.»

Da trat Ursula an die Bettstatt, behutsam nahm sie das

kleine Leinenbündel in ihre Arme und trug es dann langsam durch den Raum. Die Paten beobachteten sie mit Argwohn.

Es war etwas Geheimnisvolles um Ursula, die sich zweimal geweigert hatte, dem Wunsch der Hindenacherin zu folgen. Gleichmütig wie immer schaute ihr Gesicht unter der Haube hervor. Aber lagen ihre Augen nicht merkwürdig tief in den Höhlen, waren wie überschattet von einem unbekannten Unheil? Die Paten suchten Ursulas Augen, um ihre Seele zu erraten, aber sie fanden ihre Augen nicht, sahen nur die dunkel überschatteten Augenhöhlen.

«Sie schaut ja bald aus wie der Knochenmann selbst», sagte eine der Paten. Die anderen schauderte es. Sie drängten sich enger zusammen, rückten dabei von Ursula weg, tiefer in den Raum hinein. Die fest gewebten Kanten ihrer Röcke strichen geräuschvoll über die Holzdielen. Sonst war es still, ungewöhnlich und gefährlich still.

Den Paten gerade gegenüber drückte sich Marie gegen die Wand. Von dort sah sie fassungslos mit an, wie das Unerklärliche geschah:

Plötzlich und ohne Ursulas Zutun zeigte sich an dem Leinenbündel in ihrem Arm ein rötlicher Fleck. Zuerst nur ein winziger Punkt, breitete er sich rasch aus, bis er die Größe einer Pflaume erreicht hatte. Ursula sah es mit Staunen.

Die Paten sahen es ungläubig mit entsetzten Augen.

«Mein Gebieter, bewahre mich und dieses tote Kind vor allem Übel», sagte Ursula leise. «Nimm seine Seele zu dir, die so unschuldig ist wie am ersten Tag.»

Den Paten gingen die Augen bald über vor Angst. Sie drängten sich noch enger zusammen, und für Marie, die ihnen gebannt zusah, schmolzen sie zu einem einzigen Haufen aus dunklen Kleidern und blassen Hauben zusammen. In einer gemeinsamen Bewegung wich dieser Haufen noch um einige Fußbreit zurück.

«Es war ein Fleck, rot wie Blut, und gerade am Kopf des Kindes», flüsterte eine von ihnen.

«Habt ihr das Blut gesehen? Durch das Blut kommt alles an den Tag», ließ sich eine Zweite hören.

«Sie war es. Habt ihr das Blut gesehen? Ich habe es gesehen, das Blut», stammelte eine Dritte.

«Sie hat es getan, sie war es selbst», sagte die Nächste. «Seht, wie sie ihre Lippen bewegt. Jetzt verspricht sie es – ihrem Gebieter!»

«Am Toten geschieht ein Zeichen, sobald er von seinem Mörder berührt wird», erklärte die schwer atmende Patin und sog dabei laut rasselnd Luft ein. «Ursula hat es umgebracht!»

Die spitznasige Schwester der Hindenacherin schüttelte sich vor Grauen und hielt sich an ihre Nachbarin geklammert. «Das hab ich nicht von ihr geglaubt», flüsterte sie kaum hörbar, «dass sie eine alte Hexe ist!»

Nur die Patin neben ihr wies sie zurecht: «Hüte deine Zunge, du zitterst vor Angst und weißt nicht, was du sagst.»

«Seht Ursula, die Hexe», wiederholte die spitznasige Schwester ungerührt. «Sie spricht ihren Zauber und schämt sich nicht.»

Jetzt widersprach ihr niemand mehr.

«Und bewahre diese Seele in Ewigkeit», flüsterte Ursula, während sie das Tote endlich auf die strohbedeckte Bahre legte, «und nimm dies Kind in deine Hand, sonst zerbricht es in wehem Schmerz, während wir uns in Finsternis quälen!»

Marie sah zur Hindenacherin. Die hielt die Augen geöffnet und hatte wohl alles mit angesehen. Aber in ihrem Gesicht zeigte sich keinerlei Regung. Sie schien in ihrer furchtbaren Traurigkeit wie ausgelöscht. Benommen blickte sie auf ihr totes Kind und sagte schließlich: «Es ist gut, Ursula. Jetzt kann es ausruhen, mein Kind, und ist wohl aufgehoben. – Ich bin müde.

Die Hindenacherin wandte sich zu ihrem Mann, der sie in die obere Kammer geleitete, denn sie wollte bei ihren beiden ältesten Kindern schlafen. Noch lange war ihr mühsam schleppender Schritt auf der kleinen Stiege zu hören.

In der Stube sahen die Paten einander an. «Das Haus, das eine Hexe leidet, hält uns nicht länger», sagte schließlich eine. «In seiner Dunkelheit geht der Böse ein und will uns wohl selbst noch schaden.»

«Wo zwei sterben, sterben auch drei», wusste die rasselnd atmende Patin noch zu sagen.

Dann gingen sie schnell nacheinander, mit gesenkten Köpfen, die Angst im Nacken. Zurück blieben Ursula und Marie, die alles wie im Traum mit angesehen hatte.

Ursula wandte sich mit einem Licht in der Hand dem Zweitjüngsten der Hindenacherin zu, das, kaum noch atmend, in den Kissen auf seinem Strohsack lag. Sie verjagte eine Katze vom Bett des Kleinen und sagte zu Marie: «Bring mir den Kessel heißen Wassers, der noch auf dem Dreifuß steht, ich muss ihm neue Wickel machen.»

Weißmehlwecken und Wein, den beiden Kindern brachte Marie heiße Milch. Ursula saß bei dem Kranken wie versteinert.

Je länger die Paten auf den Pfarrer warten mussten, desto schwerer wurde ihnen ihr Schweigen. Erst begannen sie zu flüstern, dann redeten sie immer lauter miteinander. Zu sehr erregten die Vorfälle der letzten Nacht ihre Gemüter. Sie ermahnten sich untereinander, ohne dass es etwas nützte. Schließlich fuhr Martin Hindenach zwischen die Eifrigsten von ihnen: «Führt eure Plappermäuler vor dem Haus spazieren, wenn ihr sie nicht einmal bei dem Toten und seiner Mutter zu halten wisst.»

Endlich war es Mittag, und der Pfarrer kam, mit ihm zwei Totenträger. Die wollten sich im Tragen der Bahre abwechseln, denn sie wussten aus Erfahrung, wie schwer selbst die kleinste Bahre auf dem langen Weg zum Totenhügel St. Emmeran werden konnte. Zu Anfang ließ sie sich mühelos schultern. Der Erste von ihnen tat es und nickte dem anderen aufmunternd zu: Diese hier würde ihnen den Weg nicht sauer werden lassen.

Hinter dem Pfarrer und den Totenträgern mit der Bahre überschritt die Hindenacherin die Schwelle ihres Hauses, an ihrer Hand die beiden ältesten Kinder, neben ihnen Martin. Dann kamen Marie und die Paten. Ursula blieb bei dem kranken Kind im Haus. Der Pfarrer segnete den Ausgang des Toten.

> «*Hier lasset uns bleiben zu dieser Frist*
> *und schreien all zu Jesu Christ,*
> *der allein unser Tröster ist*»,

sang der Klagezug, während er sich langsam schwankend

durch den Alten Graben, dann über den Viehmarkt bewegte. Der lag zu dieser Stunde wie ausgestorben.

In den Gassen blieben die Leute rechts und links des Weges stehen und grüßten den Klagezug. Männer zogen ihre Kappen und Baretts. Aber Marie sah auch die, die sich hinter ihren Fenstern versteckt hielten, spürte ihre argwöhnischen Blicke und hörte, was die Leute auf der Gasse miteinander redeten.

«Es soll nicht alles ganz richtig sein!»

«Mit der Maria Hindenach? Die geht doch so oft zur Kirche!»

«Nein! Mit dem Kind, es war ein Blutzeichen an ihm, als es schon in der Totenstarre gelegen hat!»

«Herr im Himmel!»

«Die Ursula Haider hat's ...»

«Aber geh, das ist doch eine arme Närrin!»

«Oder Teufelsbuhlin?»

Das letzte Wort war in einem lauten, erschrockenen Ton gefallen, sodass es alle ringsum hörten. Den Paten fuhr der Schreck in die Glieder, und als der Pfarrer ein neues Lied anstimmte, wollte von den Trauernden keiner so recht einfallen. Vielmehr drängten sie sich enger aneinander, und die spitznasige Schwester der Hindenacherin verbarg ihr Gesicht, so gut es ging, unter der Haube, denn sie wollte nicht als eine erkannt werden, die hinter diesem Kind zum Friedhof lief.

Am dunstig zugezogenen Himmel war die Sonne nicht zu erkennen, dennoch flimmerte die Luft vor Hitze, und von den Straßen wirbelte Staub auf. Die Trauernden begannen zu schwitzen. Sie kamen am Haus der zankenden

Wagnersleute vorbei, und Marie versuchte, Bärbel irgendwo zu entdecken. Endlich fand sie sie hinter einem der Fenster, halb versteckt, mit einem so traurigen Gesicht, dass es Marie einen Stich gab. Vor dem Haus aber stand Margaretha Betsch und zankte sich mit ihrem Alten. «Was heißt hier Blutzeichen? Blutzeichen gibt es allemal so viele, wie der Herrgott will.»

Als der Zug auf den Weinmarkt kam, traktierte dort ein Fuhrmann seinen großen rot gefleckten Köter. Der heulte jämmerlich. Der Fuhrmann zog vor den Trauernden seine Mütze, Marie sah den Hund mitleidig an. Endlich waren sie in der Bergergasse, die so heißt, weil sie genau auf den Berg St. Emmeran zuführt, und passierten dann singend das Bergertor. Mit ihnen schlich sich der Hund, der seinem Herrn hatte entkommen können, an der Torwache vorbei. Jaulend versuchte er, seinen Kopf an Maries Bein zu reiben.

«Kehr um, du dummer Köter», sprach Marie ihn milde an. «Du siehst doch, dass wir hier ein Kind zu Grab tragen müssen, kehr um!»

Da blieb der Hund verwundert stehen.

Der Totenweg führte die Trauernden jetzt durch freie Felder. Hier lösten sie sich wieder voneinander und hoben die Gesichter. Der Pfarrer hieß sie anhalten und segnete den Ausgang des toten Kindes aus seiner Stadt. Dann stimmte er ein neues Lied an, und die Trauernden setzten kräftiger singend ihren Weg fort. Und endlich, hier unter freiem Himmel, bekam ihr Gesang etwas Tröstliches.

Wieder war der Hund bei Marie und lief so ungeschickt zwischen den Trauernden umher, dass Marie zurückblieb und ihn ernstlich ermahnte. «Verschwinde, du Unglückshund», sagte sie und trat mit dem Fuß nach ihm.

Kaum hatte sie den Zug eingeholt, war auch der Hund wieder dabei. So aufgeregt sprang er zwischen den Beinen der beiden Totenträger hindurch, dass sie ernstlich in Gefahr gerieten zu fallen. Da brach der Gesang ab. Alle starrten auf diesen rot gefleckten Sendboten des Satans, der die Bahre und das Tote stürzen und sie damit in unermessliche Gefahr bringen würde.

Marie brach sich einen Zweig von einem Haselbusch und schlug damit so kräftig auf den Hund ein, dass er sich vor Schmerz krümmte und am Boden liegen blieb. Zuletzt traten die Paten noch mit den Füßen nach ihm. Heulend machte sich der Hund auf den Weg zurück in die Stadt. Diese Gefahr war gebannt.

Als die Trauernden schwitzend und singend die Höhe von St. Emmeran erreichten und den Totenacker betraten, begann das gesprungene Glöckchen der Kapelle zu läuten. Unter einem Holunderbusch fanden sie die frisch ausgehobene Grube, neben die sich der Pfarrer stellte. Nachdem alle ihren Platz eingenommen hatten, begann er mit seiner Predigt.

«Zuerst hatte unser Herr nur einen Weg, der zum Himmel führte. Es war ein gerader und mühelos zu gehender Weg. Hätten Adam und Eva das Gebot Gottes gehalten, so wäre es bei diesem einen Weg geblieben, und wir alle wären auf ihm mit Leib und Seele zum Himmel aufgefahren. Aber die Schlange verführte Eva, das schwache Weib, und Eva verführte Adam. Sie aßen die Früchte des verbotenen Baumes und brachen den Gehorsam. Damit aber, dass sie das Obst in sich schluckten, schluckten sie zugleich das Gift und all den Eiter in sich hinein, die in der Schlange waren. Davon kommen alles Siechtum, Krankheit und Tod in die Welt. Siech und sterblich wurden wir an Leib und Seele. Seitdem müssen wir denn zwei Wege zum Himmelreich gehen: den Weg der Unschuld und den Weg der Buße. Und allezeit ist es der Teufel, der schwarze Satan selbst, der Eva in Gestalt der Schlange verführte, der uns zum Bösen verleiten will, der uns taub, schwach und sterblich machen will. Unser schwaches Fleisch kann ihm nicht allein entkommen, sondern braucht die Erlösung von den Sünden, durch Jesum Christum, unseren Herrn ... Dann können wir den Weg der Buße gehen, so wie dieses Kind den Weg der Unschuld ging und jetzt als Engel schon vom hohen Himmel auf seine Mutter herabsieht. Dies sei unser Trost. Gelobt sei Jesus Christus in Ewigkeit. Amen.»

Die Hindenacherin hatte die Rede des Pfarrers mit etlichen heißen Tränen begleitet. Jetzt stürzten auch den anderen die Tränen aus den Augen, und es war ein lautes Schluchzen und Weinen über dem Grab.

Auf dem Rückweg, inmitten der Felder, setzte leichter Regen ein. Die Paten reckten ihm ihre Gesichter entgegen und ließen sich die erhitzten Wangen kühlen. Sie nahmen ihn als ein Geschenk des Himmels und waren fast schon versöhnt mit dem Ungewöhnlichen dieses Todes. Jetzt wartete im Haus der Hindenacher ein kräftiger Leichenschmaus auf sie.

Marie, die ganz am Ende des Zuges ging, sah in der Ferne Bartel, den alten Hirten. Sie grüßte ihn mit der Hand. Doch Bartel kam näher, hielt schließlich erst dicht vor Marie und sprach sie an: «Dreimal fordert der Teufel zum Tanz auf, das dritte Mal muss eine mit ihm gehen, sonst gibt es ein Verderben überall. Ursula muss durchs Feuer gehen, so es die Todesstunde des Stieglitz ist.»

Marie sah ihn mitleidig an, und Bartel verstummte. Er ist auf seine alten Tage wirklich verrückt geworden, dachte Marie.

Als sie das Hindenacher'sche Haus erreichten, fanden sie Tür und Fenster sämtlich geöffnet. Weitum roch es bedrohlich nach Rosmarin. Maria Hindenach stürzte hinein, hinter ihr Marie, die jetzt die beiden Kinder an der Hand hielt.

Drinnen fanden sie Ursula bei dem toten Kind.

Da brach die Hindenacherin zusammen, wehrte sich mit schrecklichen Schreien gegen diesen neuen Schlag, ehe sie den Halt verlor und zu Boden sank. Regungslos blieb sie liegen.

«Kommt, wir wollen den Stieglitz besuchen», sagte Marie schnell zu den beiden Kindern und führte sie die Stiege hoch, damit sie die Hilflosigkeit ihrer Mutter nicht mit ansehen mussten. Oben fanden sie den Käfig des Vogels noch mit einem Tuch bedeckt, denn die Kinder hatten in der Aufregung des Morgens vergessen, ihren Vogel aufzuwecken. Marie getraute sich plötzlich nicht, das Tuch fortzunehmen, aber die Kinder taten es.

Sie fanden ihren Stieglitz auf dem Rücken liegend, die Beine streckte er verkrampft in die Höhe.

«Was hat er?», fragten die Kinder ängstlich.

Marie öffnete den Käfig und nahm den winzigen, schon fast erkalteten Körper des kleinen Vogels in beide

Hände. Sie erinnerte sich der Worte des alten Hirten, und eine namenlose Angst überfiel sie.

«Er ist wirklich tot», flüsterte sie tonlos.

Die Kinder streichelten leicht über die Federn. «Er hat immer so schön gesungen», sagte das jüngere, «und jetzt ist er im Himmel. Im Himmel ist es viel besser als bei uns. Das hat der Pfarrer selber gesagt, nicht wahr, Marie?»

Ein Verdacht kommt auf Marie zog sich das Tuch enger um die Schultern, hüpfte und sprang dabei über große Pfützen. Mit ungemütlichen, kurzen Tagen war der Herbst gekommen. Es fiel ein kalter Regen, und auf den Straßen husteten die Hunde.

Ganz außer Atem erreichte sie die Sternwirtschaft. Als sie die Tür öffnete, schlugen ihr laute Stimmen und der warme Dunst von Wein und Bier entgegen.

Am größten Tisch im Schankraum saß einer, den Marie schon kannte. Unter schwarzem Haar blitzten zwei schelmische Augen hervor, in einem gutmütigen Säufergesicht öffnete sich ein breiter Mund immer wieder zu dröhnendem Lachen. Und wenn er lachte, dann zitterte sein dicker Wanst, und er schlug mit der Faust auf den Tisch, dass die Krüge sprangen.

Das war Jörg Strauß. «Trinklin» wurde er genannt, und gerade war er dabei, seinem Namen alle Ehre zu machen. «Bring uns Bier, Apollonia, dass der Tisch sich unter den Kannen biegt. Es ist die Zeit zu trinken.»

Das galt den Burschen, die bei ihm am Tisch saßen und sich von seiner Feurigkeit anstecken ließen oder auch nur trübe in sich hineinsoffen.

Das kann ja noch heiter werden, dachte sich Marie. Sie kam gerade recht. Zusammen mit Anna wurde sie viele Male in den modrigen Keller geschickt, füllte Krug um Krug.

Drei Frauen aus der Hallgasse kamen mit ihren Krügen herein, um Bier zu holen, das sie zu Hause mit ihren Männern trinken wollten. «Was wird denn hier gefeiert?», fing eine von ihnen ein Gespräch mit dem schwarzen Jörg an, während sie auf ihr Bier warteten.

«Wir feiern die glückliche Heimkehr des Jörg Strauß, der zu Bartholomäi [1] auf der Linzer Messe war. Säcke hat er hingebracht zum Verkauf und ist mit steirischen Knütteleisen heimgekehrt. Hier wird er aus Knütteleisen feine Sensen machen lassen und sie für ein gerüttelt Geld losschlagen. So feiern wir also unseren künftigen Reichtum und trinken auf die unvergleichlichen Weiber aus der Hallgasse, die keine billigen Schnallen sind, wie man sie in Linz findet, und schöner und saftiger noch dazu.»

---

1 24. August, Gedenktag für den Apostel und Märtyrer Bartholomäus

Die Frauen lachten bei Jörgs Worten. «Wenn du nur nicht lügst in deinem Hals, du grober Schelm», forderte eine ihn heraus. «Aber wir wollen deine Schmeichelworte durchgehen lassen. Erzähle!»

Der schwarze Jörg stieß seine beiden Tischnachbarn, die ehrfürchtig an seinen Lippen hingen, an und sagte: «Macht Platz für diese Täubchen! Die wollen lieber beim schwarzen Jörg sitzen als daheim bei ihren trüben Tassen. Das nenn ich mir drei Weiber nach meinem Geschmack!»

Die Frauen setzten sich lachend neben ihn. «Erzähle!», wiederholten sie.

«Ich erzähle euch jetzt die Geschichte vom Braunbären», sagte der schwarze Jörg, «hört zu!

Zu Linz auf dem Markt gab es einen Gaukler, der führte einen kleinen, dünnen Braunbären mit sich. ‹Seht, wie mein Braunbär tanzen kann›, schrie er überall herum, ‹seht, wie mein Braunbär rechnen kann!› Dann spielte er jämmerlich auf seiner Fiedel, und der kleine, dünne Braunbär tanzte dazu mit solch seltsamen Bewegungen, wie es richtige Braunbären nie tun würden. Der Gaukler stellte ihm viele Rechenaufgaben. Der Braunbär saß ihm gegenüber und antwortete immer mit einer ganz und gar unbärigen Stimme ‹vier› oder ‹acht› oder auch ‹eintausendfünfhundertundachtzig›. Die Leute gingen immer näher an den Braunbären heran, um sich das merkwürdige Tier genau anzusehen. Sie bedrängten ihn und zwickten ihn ins Fell. Da machte sich der Braunbär los, lief auf die Leute zu und biss einige ganz wild in die Beine. Der Markthüter und seine Gehilfen kamen gelaufen. Mit langen Stangen droschen sie auf das Tier ein, bis sich aus einem riesigen Bärenfell ein kleiner Buckliger herausschälte. Der blieb kraftlos auf dem Markt liegen und hatte ein Gebiss, wie man es von Werwölfen [2] kennt.

Da schleppten ihn die Leute zum Linzer Rat und ließen den Buckligen in einem Turm festsetzen. Die Linzer Bürger fürchteten sich sehr vor Werwölfen und forderten, den Buckligen zu verhören und zu hängen. Der Rat untersuchte die Abdrücke, die die Zähne des Buckligen im Fleisch der Neugierigsten hinterlassen hatten, und es hieß, sie sollten genau wie die von Werwölfen sein.

Als ich fortfuhr aus Linz, sah ich vor den Stadttoren eine kleine, krumme Gestalt unter einem Galgen im Wind schaukeln. Da hatten sie ihn gehängt.

Es ist die Zeit zu trinken!», schrie der schwarze Jörg und lachte. Alle stießen sie mit ihm an, tranken und klatschten in die Hände über die schöne Geschichte.

Aber Marie mochte solche Geschichten von Braunbären nicht.

«Es ist die Zeit zu feiern!», schrie der schwarze Jörg durch die Schankstube. «Neues Bier, Apollonia! Ein Fiedler soll her und uns zum Tanz aufspielen!» Der schwarze Jörg hatte schon die ganze Zeit seinen Arm um die dralle Frau zu seiner Rechten geschlungen. Die ließ es sich gern gefallen.

Anna ging, den alten Konrad mit der Fiedel zu holen, und Marie schleppte wieder Krug um Krug aus dem Keller herauf.

«Es ist die Zeit zu tanzen!», schrie der schwarze Jörg.

«Nein, erzähle», riefen die anderen, «erzähle noch eine Geschichte!»

---

[2] Menschen, die Wolfsgestalt annehmen können

«Es gibt keine Geschichte mehr. Nur, dass sie in Hagenau fleißig Hexen verbrennen. Die tanzen dort mit dem Teufel, wie unsereins mit den Weibern aus der Hallgasse. Das gibt ein lustiges Feuer im Herbst, wenn die Hexen brennen.»

«Hexen gibt es bald auch in unserer Stadt», rief der alte Konrad, den Anna inzwischen herbeigeholt hatte.

«Spiel uns auf, es ist die Zeit zu tanzen!», rief der schwarze Jörg übermütig und wollte die dralle Frau zu seiner Rechten an sich heranziehen. Doch die wehrte sich.

Da blickte der schwarze Jörg sich verwundert um. Das Lachen hatte aufgehört, im Schankraum war es still geworden. Marie drohten die Krüge, die sie eben herbeischleppte, aus der Hand zu rutschen. Gerade schaffte sie es noch, sie krachend auf dem Tisch abzustellen. Dann war es ganz still.

«Was seid ihr denn plötzlich für Trauergestalten», rief der schwarze Jörg verwundert, «still wie die Gräber und weiß im Gesicht wie das Leichentuch dazu!»

Alle senkten sie die Köpfe, und keiner wollte anfangen zu reden.

«Dann erzähl du es mir, Konrad», sagte der schwarze Jörg. «Du bist alt und hast noch deine Fiedel dazu, um dir Mut zu machen.»

Der alte Konrad setzte sich umständlich, verlangte einen frischen Krug Bier und begann dann eine schauerliche Geschichte auszubreiten, in der von einer blutüberströmten Kinderleiche die Rede war und von Hexentänzen allwöchentlich um Mitternacht auf dem Weinmarkt.

«Das ist nicht wahr!», fuhr Marie zornbebend dazwischen. «Es war ein winziger roter Fleck, nicht größer als eine kleine Pflaume, und es war die alte Ursula, die das Kind gepflegt hat und sich besser mit der Durschlechte auskennt als der Bader und der Wundarzt zusammen.»

«Seht nur, wie die Marie über und über rot geworden ist in ihrem Zorn und streitet sich doch nur für ein altes Weib», wunderte sich einer der Gesellen am Tisch.

«Und wie schön sie dabei ist», sagte ein anderer und schnalzte mit der Zunge.

«Aber sie soll die Burschen nicht leiden», flüsterten sie untereinander. «Das kommt, weil sie dauernd in dem Haus bei der alten Hexe ist.»

«Wer sagt, dass sie eine Hexe ist?», rief Marie zornig.

«Es ist gut, Marie», sagte Apollonia zu ihr, «es gibt keine Hexen in Nördlingen. Das wissen wir hier alle.»

«Wer weiß das?», höhnte einer von denen am Tisch. «Wer kann das sagen? Es gibt sie im Oettingenschen, im Bairischen und bei Würzburg. Ist ihnen der Wein in Nördlingen nicht gut genug, dass sie so einen großen Bogen darum machen?»

«Der Teufel hat eine zu große Macht auf der Welt», sagte eine der Frauen aus der Hallgasse, «und er gewinnt immer mehr, die Gott ganz absagen und nicht mehr nach seinem Namen fragen.»

«Aber nicht in Nördlingen», erwiderte ihr eine andere.

«Wie kann eine das wissen», sagte sie, zuckte mit den Schultern, nahm ihren Krug und ging.

«Es wird gepredigt, sie wollen nichts als Wollust», wusste eine magere Alte, «es wird gepredigt, sie treiben Zauberwerk für solche Gaben, sie treiben's aber auch für

Geld. Besonders vornehme Weiber geben sich dem Teufel zur Unzucht!» Die alte Frau schüttelte es vor Abscheu und Angst.

«Aber nicht in Nördlingen», wiederholte Apollonia und tippte, während sie sprach, mit zwei leeren Krügen gegeneinander, dass es einen hohlen Klang gab.

«Nach der St.-Kilians-Messe», erzählte der schwarze Jörg, «da hat man zu Würzburg sechs verbrannt. Die haben gestanden, dass sich alle, die es nicht gelernt hätten, doch ärgern müssten, weil es so lustig sei, in den freien Lüften herumzufahren. Sie selbst seien in die Keller gefahren, hätten nur den allerbesten Muskatellerwein getrunken. Und dann haben sie auf dem Heuberg ihren Hexentanz getrieben.»

«So erzählt man in Würzburg?», fragte einer der Gesellen.

Der schwarze Jörg nickte und blickte dabei auf Apollonia, die ihm wohl nicht übel gefiel.

«Ich kenn die Ursula, so lang, wie ich meine Fiedel spiel», sagte der alte Konrad. «Sie hat einen Buhlen, Papperlin genannt, der schüttelt sie bisweilen durch und durch.»

«Du närrischer Alter!», fuhr Marie ihn an, die voller Zorn war. «Die Ursula weiß Kinder zu warten und eine Salbe zu mischen, die gegen das Fieber hilft.»

«Und dann und wann ein Wetter zu brauen?», fragte der Alte zurück.

«Wetter brauen!», schimpfte die letzte der drei Frauen aus der Hallgasse, die noch dageblieben war. «Das Wetter macht noch immer unser Herrgott selbst.» Und damit nahm auch sie ihren Krug und ging.

«Aber wenn es eine zu brauen versteht», begann der alte Konrad noch einmal, «dann verdirbt es uns das Obst, die Rüben und das Kraut, dass keiner mehr was zu essen hat. Und wir sterben alle wie die Nördlinger Bürger beim Hauptweh[3] gestorben sind, das ich noch habe mit ansehen müssen.»

«Ehe sie uns alle verderben, müssen sie brennen», sagte der schwarze Jörg bedächtig. «Es ist die Zeit zu essen. Wirtin, bring uns Bratwürste mit Kraut!»

«Ehe sie uns verderben, müssen sie brennen», wiederholten die Gesellen am Tisch, die jetzt auch alle Hunger bekommen hatten.

«In Bamberg hat es eine gegeben», erzählte der alte Konrad, «die tauschte mit dem Teufel ein kleines Kind gegen ein anderes, und der Teufel hat ihr ohne Zweifel das Kind einer Hexe gegeben und würgte das andere ab. Sie brühten es in Hafersud und hielten von dem Kind eine Mahlzeit, zu der sie ihre Buhlen zu Gast luden. Dabei berieten sie allerlei Schaden.»

Ob ihm die Geschichte nun jemand glaubte oder nicht, die Gesellen setzten sich aufrechter an den Tisch und sagten: «Eh uns ein Schaden an Leib und Seele geschieht, sollen sie brennen.»

Apollonia klopfte mit den beiden Krügen gegeneinander.

«Es ist die Zeit zu essen», sagte der schwarze Jörg aber-

---

3 Im Jahr 1547 (Schmalkaldischer Krieg) forderte das von fremden Kriegsleuten eingeschleppte «Hauptweh» den Tod von 2000 Nördlingern und 1000 fremden Kriegsleuten in Nördlingen.

mals und zog seinen riesigen Mund zu einem Grinsen auseinander. «Ehe wir verhungern, sollen sie brennen.»

«Sollen sie brennen», wiederholten die Gesellen.

Und dann verschlangen die Männer am Tisch alle Würste und alles Kraut, das ihnen Anna und Marie brachten.

Ursula erzählt Nach diesem Abend schlich Marie wie ihr eigener Schatten durchs Haus. Wenn die beiden Kinder sie um etwas baten, lachte sie fröhlich laut, doch so unvermittelt, dass es den Kindern unheimlich war und sie lieber ihre Mutter oder Ursula fragten. Dann war Marie plötzlich missmutig und hörte nichts oder war traurig und wollte mit sich allein sein. Die Kinder wussten: Sie ging dann hinauf in ihre Kammer und blickte lange auf den leeren Käfig.

«Stieglitz, mein Lieber», sprach Marie zu dem Käfig, «wo bist du jetzt? Wer hat dich getötet? Wem musst du jetzt singen?»

Traf sie überraschend auf Ursula, so wandte sie sich schnell ab. Marie wusste nicht mehr ein noch aus.

An diesem Abend schliefen sie schon alle in dem stillen Haus. Nur Marie stand noch beim Herd und wartete darauf, dass die Milch in dem Tiegel heiß wurde. Die heiße Milch sollte ihr den Geschmack von schalem Bier aus der Sternwirtschaft vertreiben.

Da kam Ursula herein, aber Marie wandte sich nicht zu ihr um.

«Was hast du gegen mich, Marie?», fragte Ursula. «Du gehst im Haus umher wie ein Schatten, lachst oder weinst bei dem geringsten Anlass, kennst dich nicht aus. Und wenn ich hereinkomme, willst du mich nicht ansehen.»

«Es ist nichts, Ursula», sagte Marie, ohne ihre Augen von der Milch in dem Tiegel abzuwenden, «ich bin müde. Die Arbeit beim Sternwirt, der Stieglitz, der nicht mehr singt ...» Sie brach plötzlich ab, als hätte sie schon zu viel gesagt.

«Ich weiß, es ist wegen des Blutzeichens», sagte Ursula nach einer kleinen Weile. «Du hast einen Argwohn gegen mich gefasst und meidest mich. Und ich bin mit meinem Kummer ganz allein.»

Sie schwieg.

«Aber wenn ich auch ein reines Herz hab», fuhr sie plötzlich heftiger fort, «so muss ich es doch ausschütten können dann und wann. Und brauch einen Menschen, der mich lieb hat. Ohne das kann ich nicht leben, kann ja niemand leben.»

Marie wandte sich bei diesen Worten zu ihr um, und wieder überkam sie Zärtlichkeit für diese Alte, die klein, gebeugt am Tisch saß. In dieser Haltung hatte Marie sie zum ersten Mal am Morgen nach jener bösen Nacht gesehen, und erst jetzt fiel ihr auf, dass Ursula seitdem mit einem ganz runden Rücken ging.

«Du gehst gebeugt, als würdest du schwere Kohlensäcke schleppen, die niemand sieht», sagte Marie zu ihr. «Woran trägst du so schwer? Du hast das Kind gepflegt mit allen Mitteln, die du kanntest.»

Die Milch kochte sprudelnd über und verschwand zischend zwischen Holzscheiten und Flammen. Marie riss den Tiegel mit einer schnellen Bewegung vom Dreifuß, aber es war kaum mehr als ein hässlicher brauner Rand im Topf zurückgeblieben.

«Ich weiß es nicht», sagte Ursula, die die überkochende Milch gar nicht bemerkt hatte. «Allermannsharnisch[1] unter der Türschwelle kann dem Bösen wehren. Aber ich hatte keines, und so konnte er eintreten. – Und ist es nicht wahr, wenn es heißt, dass sich Blut am Toten zeigt, wenn er von seinem Mörder berührt wird?»

«In der Sternwirtschaft reden sie von dir als einer Hexe», erzählte Marie und nahm sich einen Topf kalte Milch. «Manche reden schon von brennen, manche fordern es sogar.»

Da lachte Ursula ein kurzes bitteres Lachen und sagte: «Mich brennen! Ich bin allemal so unschuldig wie der Bürgermeister und der Pfarrer selbst. Das Blutzeichen schaffen sie damit nicht aus der Welt. Das soll einmal an ihren eigenen Kindern wiederkehren, in dreimal Teufels Namen, wenn das was nützt.»

«Du vergehst dich in Gottes Namen.» Marie sah sie er-

---

[1] Im Volksglauben als Kraut bekannt, das den Einfluss des Teufels, des Bösen, verhindert

schrocken an. «Ich will für dich beten, dass du von allen Gespenstern aus der Hölle verschont bleibst.»

«Sie wollen mich nicht ungeschoren lassen», erwiderte Ursula und lachte, «da soll eine alte Vettel nicht zurückbeißen?»

Da lachte auch Marie und verstand, wie es Ursula meinte. «Ich will schlafen gehen», sagte sie dann, «ich bin müde.»

«Ich geh mit dir hinauf», schlug Ursula vor, denn sie durfte unter dem Dach der Hindenacherin schlafen, wann immer sie wollte. «Ich will dir heute alles erzählen, was ich weiß.»

Ursula Haider lag auf dem Rücken im Bett und erzählte. Daneben saß Marie im Hemd auf einem Schemel und hörte zu.

«Es war nicht lange nach dem Hauptweh in dieser Stadt, an der Männer und Frauen starben wie die Fliegen. Ein schöner und guter Mann aber hatte das Hauptwch überlebt: Das war Peter Merz, der Turmbläser. Dicke Backen hatte er vom Blasen, und einen dicken, runden Mund mit einem niedlichen Löchlein darinnen, dadurch blies er die Luft in die Trompete. Mit seiner Trompete stand er oben auf dem Wehrgang und blies leise um die Abendstunde und laut, wenn er ein Feuer sah. Es gab viel Feuer, damals, und mein Peter musste oft laut blasen. Davon hatte er einen mächtigen Hunger und Durst.

Einen Fresser und Säufer nannten ihn die Leute, denn er war so rund, dass er die kleine Treppe zum Wehrturm nur mit Mühe hinaufgekrochen kam. Aber sanftherzig und einfältig war er, wie es ein guter Mann nur sein kann. Seine dicken, zarten Finger liebten nur mich, und ich sagte immer mein ‹Tromm-Peter› zu ihm, denn das mochte er gern hören. Aber mein Vater, der ein klapperdürrer Fuhrmann war, sagte, der Peter wäre ein Fresser und Säufer. So durfte ich ihn nicht halten. Dabei war er wohl rund, aber es war nur wohlverdientes Bläserfett an ihm und kein faules Fett, wie es die Handelsherren auf ihren Rippen mit sich herumtragen. Aber ich musste meinen Turmbläser lassen und war einsam, Marie, wie eine nur einsam sein kann, wie ein Fisch ohne Fuhrwerk.»

Marie lachte, denn sie fand, dass ein Fisch ohne Fuhrwerk nicht einsam sein könnte. Sie war inzwischen so müde, dass sie sich kaum noch auf ihrem Schemel hielt.

Aber Ursula schien das nicht zu bemerken. «Als ich meine Traurigkeit vergessen hatte», fuhr sie im gleichen Ton fort, «fand ich einen anderen, der auch Peter hieß. Der war ein Bauernknecht und rechter Teufelsknecht auf einmal. Zuerst gefiel er mir mit seinen schwarzen Haaren, seinen kräftigen Armen. Und ich war einsam dazu.

Anfangs war er freundlich mit mir, doch dann sagte er mir eines Tages, ich solle mich ausziehen, vor ihm niederknien und Abbitte leisten für meine Sünden, denn ich sei nur eine billige Teufelsbuhlin und er müsse mir meine Sünden austreiben. Ich glaubte mich sündig wegen Peter, meinem Turmbläser, und tat, wie er mir befohlen. Und wenn ich dann nackt vor ihm kniete, holte er eine Rute, die war mit Messingknöpfen besetzt, und schlug mich damit so lange, bis mir die Haut platzte und das Blut heraussprang. Dann warf er sich über mich.

Ich wollte von ihm fort. Aber wenn alles vorüber war, war er sanftmütig und sanftherzig wie nur einer und flüsterte mir Schmeichelworte ins Ohr.

Nicht Peter, aber Papperlin[2] sollte ich ihn nennen, wenn er mich schlug. Das brachte ihn erst in den rechten Eifer, mir die Sünden bis zum allerletzten auszutreiben.

Ich wollte von ihm fort und erzählte anderen, wie er mich misshandelte. Aber als er davon erfuhr, schlug er mich nur umso ärger.

Einmal, als ich es nicht aushalten konnte vor Schmerz, fiel ich vor ihm auf die Knie und bat ihn, mich gehen zu lassen. Da wurde er ganz weichherzig, streichelte mich mit seinen unruhigen Fingern und sagte, dass ich nicht fortgehen dürfe, denn ich sei ja irr und verrückt im Kopf, und wenn man mich so auf der Straße finden würde, müsste ich ohne Zweifel unter die Pfründner[3] ins Spital: Ein anderes Mal sagte er mir, ich sei so irr, dass ich mich selbst erhängen müsste, und brachte mir die Schlinge dazu. Oder er sagte, ich müsse ins Wasser gehen und mich ertränken, damit ich die Welt mit meiner Verrücktheit nicht länger verunzieren sollte.

Ganz zuletzt, da brachte er mir einmal eine Spinne und zwang mich, die zu essen. Er sagte: Iss diese Spinne, dann

---

2 Der Teufel hatte im Volk tausenderlei Namen, z. B. Papperlin, Peter, Schwarzer Peter, Beelzebub.
3 Das waren die Ärmsten der Armen, alte oder kranke Menschen, die keine Familienangehörigen hatten, die für ihren Unterhalt aufgekommen wären, sondern unter kümmerlichsten Bedingungen auf Kosten der Stadt im Spital durchgebracht wurden.

bist du erlöst von allen Sünden. Aber ich wusste, dass er mir diese Spinne ausgesucht hatte, damit ich wirklich verrückt würde und daran zugrunde ginge. Diese Spinne aber war ein Teufelsknecht. Ich musste sie vor seinen Augen essen und konnte sie nicht ausbrechen, soviel ich auch würgte. Bis auf den heutigen Tag kreißt mir dieses Teufelstier in den Gliedern, bis ich manchmal ganz wirr davon bin.

An einem Sonntag hatte er sich in seinem teuflischen Sinn einmal verkehrt herum zum Kreuz gestellt und musste für sieben Tage zu den Ratten ins Gefängnis. In diesen Tagen, als er fort war, bin ich ihm weggelaufen.

Seitdem bin ich die Papperlinsnärrin, weil ich einmal angefangen hatte, zu ihm zu gehen. Und lebe heute in Nördlingen noch immer in der Furcht, er könnte mich finden.»

Ursula erzählte das alles eintönig mit einer heiseren Stimme. Marie in ihrem Hemd war es kühl geworden auf der Haut, und das hatte sie doppelt müde gemacht. Da war sie zu Ursula ins Bett gestiegen und hatte sich erleichtert an ihre warme Seite geschmiegt.

«Und darum, Marie, mein Kind», schloss Ursula, «halte dich von den Männern fern und sieh, dass du allein bleibst. Hüte dich vor den Fingern eines Papperlin, das sind alles nur Knechte des Teufels. Du kannst eine Wirtin werden mit Feuer in den Augen, und das Leben wird dich lieb haben.»

Aber Marie war schon längst eingeschlafen. Zärtlich sah Ursula sie an und strich ihr sanft über die Augenlider.

«Drei mal drei ist neun», murmelte sie dabei, «und

neun ist die heilige Zahl. Du sollst eine Frau sein aus Erde und Wind. Unter dem Zeichen des Saturn weiß eine Papperlinsnärrin die Wahrheit.»

Und Marie schlief und träumte in dieser Nacht einen hellen Traum von Sommer und Johannisfeuer.

Marie begeht einen Fehler

Marie war wieder fröhlich wie vorher. Ursula hatte ihr alles erzählt, und sie verstand jetzt, was es mit ihrem Papperlinsnarren auf sich hatte, von dem die Leute nur hinter vorgehaltener Hand sprachen.

«Die Leute sind dumm», sagte sich Marie, «sie wissen ja nicht, wie es in Wahrheit gewesen ist.»

Wenn sie von der Arbeit kam, saß Ursula da und fragte: «Hat sich etwas Neues ereignet?»

«Nichts», antwortete ihr dann Marie, «die Leute reden wie immer.»

Und dann lachten die beiden, denn sie wussten es besser.

So vergingen etliche Tage, an denen nichts Besonderes geschah. Bis jener Sonntag kam, an dem die Sonntagsschüler ein letztes Mal die Comoedia vom verlorenen Sohn proben sollten.

Marie saß als erste der Mädchen aus der Deutschen Schule in der Kirchenbank und wollte nach Bärbel schauen, die ihren Platz in derselben Reihe nur wenig weiter hatte. Aber Marie wagte nicht, den Kopf zu bewegen, denn neben ihr thronte die Matrone und zwirbelte wild an den langen Haaren, die ihr auf den Wangen wuchsen. So sehr war sie gefangen genommen von dem Spiel über den verlorenen Sohn, in dessen Vorbereitung man sie so großzügig mit einbezogen hatte.

Vorn im Kreuzweg der riesigen Pfarrkirche stand Caspar als verlorener Sohn und sprach:

«Meinem Vater wollt ich folgen nie,

drum steh ich jetzt so schändlich hie ...»

Dicht hinter ihm stand der Rector und stieß Caspar in regelmäßigen Abständen unsanft ins Kreuz. Dann musste Caspar die Stimme heben und mit herzergreifendem Ausdruck sprechen.

«Herr, lass mich's leiden mit Geduld ...»,

fuhr Caspar im Text fort und bekam bei «Geduld» einen solch kräftigen Stüber vom Rector hinter ihm, dass er sich diesmal nur mit Mühe auf seinem Platz halten konnte.

«... denn ich hab es wohl verschuld,

und bitt darum, dass du uns tust erlösen,

von allem Übel, allen –»

«– Hexen», entfuhr es Marie da laut und vernehmlich, denn sie hatte die ganze Zeit nur an Ursula gedacht. Schnell hielt sie sich die Hand vor den Mund, aber das Wort war heraus.

Der Rector hob verwundert den Kopf, neben Marie sprang die Matrone auf. «Au!», sagte sie dabei, denn sie hatte sich vor Aufregung eines ihrer langen Backenhaare ausgerupft.

«Der Herr Rector erlauben», sagte sie unterwürfig, «ich hab da einen Gedanken! Dass wir in das Spiel einen schönen Spruch gegen alle Hexen und Hexenmeister in unserer Stadt einfügen. Und dabei dann auch gleich gegen alle anderen Unholde, Wahrsager, Schwarzkünstler, Vergifter, Nestbeschmutzer, Veruntreuer, Nachtschädiger, Augenverblender ...»

Die Matrone holte tief Luft und wollte fortfahren. Doch da bedeutete ihr der Rector mit einer ungeduldigen Handbewegung, den Mund zu halten.

«Götzin, Ihr eifert Euch über die Maßen», sagte er scharf, denn er hielt die Götzin für eine dumme, schwatzhafte Henne. Beleidigt ließ sich die Matrone auf die Bank sacken, dass es krachte und die Mädchen neben ihr ein wenig in die Höhe hüpften, weil es so plötzlich geschah. Unzufrieden schüttelte die Götzin ihr rundes Haupt.

«Wenn der Herr Rector erlauben wollte», meldete sich da der Kantor zu Wort, der den Streit zwischen dem Rector und der Matrone schon zur Genüge kannte und ein wenig vermitteln wollte, «so eine kleine Spitze gegen die Hexerei ...»

Doch der Rector wollte von alledem nichts hören und schnitt dem Kantor das Wort ab.

«Die Hexen und Unholde», sagte er in einem belehrenden Ton, der keine Widerrede duldete, «zu lateinisch maleficae genannt, sind wohl verkehrte und böse Weibspersonen, die ihre Strafe verdienen: Aber halten wir nur fest an unserem christlichen Glauben, so werden wir an diesem Übel nicht merklich Not leiden. Am besten frei von solcher Marter sind wir, wenn wir trutzig und treu auf Luthers Lehre, die unseren neuen Glauben begründet hat, verharren. Der hilft uns allein gegen die Erzfeinde Christi: Das aber sind der Papst und die Türken, zusammen mit allen verkehrten Weibern. – Herr Kantor, wir singen das Lied zum Abschluss, und die Mägdlein der Deutschen Schule werden ihren Jungfrauengang durch den Kreuzweg dazu proben.»

Marie war weit weg in Gedanken und versuchte zu verstehen, ob die Worte des Rectors eine Gefahr für Ursula seien oder nicht. Erst als die Götzin ihr einen Stoß in die Seite gab, merkte Marie, dass sie aufstehen sollte.

Sie erhob sich, ging aber nicht an der Matrone vorbei aus der Kirchenbank, um so die Mädchen richtig herum in den Kreuzweg zu führen, sondern wandte sich zur anderen Seite und zwängte sich zwischen der vorderen Bank und den Knien der Mädchen hindurch. Dabei stieß Marie wie zufällig gegen Bärbels Knie, aber Bärbel schaute sie nicht einmal an.

Die Mädchen folgten ihr, eine nach der anderen, sobald Marie an ihnen vorbei war. An ihrer Spitze schritt sie in einem großen Bogen um den Kreuzweg. Immer noch in Gedanken bei Ursula, merkte Marie jedoch nicht, dass sie die Mädchen nicht wie sonst von rechts, sondern von der anderen, der falschen Seite her in den Kreuzweg geführt hatte. Nicht zu schnell, nicht zu langsam, dachte Marie. Sonst merkte sie nichts.

Währenddessen sangen alle: «Und wenn die Welt voll

Teufel wär und wollt uns gar verschlingen, so fürchten wir uns nicht so sehr, es soll uns doch gelingen ...»

Die vielfach gewölbte Decke warf den Klang ihrer Stimmen mächtig zurück, Ehre und Furcht wohnten darin beieinander. Als sie ihr Lied beendet hatten, breitete sich Schweigen aus.

«Sie hat die Mädchen falsch herum in den Kreuzweg geführt», flüsterte die Matrone als erste in die Stille hinein. Ihre Stimme war dabei so durchdringend wie ihre Empörung.

«Verkehrt herum», raunten die Jungen auf der anderen Seite.

«Verkehrt herum», sagte jetzt auch der Rector mit einer Schärfe in der Stimme, die wohl Glas schneiden konnte. «Im Verkehrten gewinnt der Böse seine Macht! Verkehrt herum reitet die Hexe auf ihrem Besen zum Sabbat!»

«Das kommt, weil sie mit einer alten Hexe unter einem Dach wohnt», flüsterten die Jungen untereinander.

«Unter einem Dach?», fragte ein anderer zurück.

«Die sieht man doch alleweil Hand in Hand», kicherten die Jungen, «die schlafen wohl noch in einem Bett miteinander!»

Marie stand beschämt, mit gesenktem Kopf.

Der Rector schaffte sich mit einer unwirschen Handbewegung Ruhe. «Verkehrt herum schafft sich der Böse Macht», wiederholte er. «Gottes Sohn aber sitzt dem Vater zur Rechten. Und darum ist der Mensch auf seiner linken Seite wohl in allem schwächer ausgebildet. Und diese Schwachheit versucht der Böse auszunützen zum Angriff. Wiederhole, Marie! Zu welcher Seite des Vaters sitzt ER?»

Aber Marie brachte kein Wort über die Lippen, verstand sich selbst nicht mehr, wollte in Tränen ausbrechen und konnte es doch nicht. Über und über rot war sie geworden, und ihre Lippen zitterten. Es entstand ein Schweigen, das sie lähmte und immer tiefer wurde, je länger es dauerte.

Als das Schweigen schlimmer nicht mehr werden konnte, hörten alle etwas wie Wasser rinnen und richteten ihre Aufmerksamkeit darauf, woher das Geräusch kam.

Und dann sahen es alle. Es war Caspar, der Sohn des Stadtschreibers, der in seiner Rolle als verlorener Sohn Akulastus immer noch ganz allein in der Mitte des Kreuzganges stand und nicht mehr an sich halten konnte. Er pinkelte ein munteres Bächlein, das ihm zwischen den Beinen hinunterrann und schon einen beträchtlichen See um seine Füße herum bildete.

Erst kicherten die Jungen auf ihrer Bank, hielten sich die Hände vor die Münder, prusteten und konnten sich bald nicht mehr halten. Dann kicherten auch die Mädchen.

«Schluss jetzt!», schrie der Rector in das Kichern und Prusten hinein. «Ich kann deiner Verstocktheit, Marie, nur entnehmen, dass doch etwas wahr ist an dem, was über dich und diese Hexe geredet wird. Eine solche Verstocktheit hab ich mein Lebtag nicht gesehen. Und hat nicht deine Mutter schon in Wolllust ...»

Der Rector bremste sich, denn er hasste es, in weibisches Geschwätz zu verfallen, wie er es selbst nannte. Aber Marie hatte es wohl gehört und merkte sich seine Worte.

«Wir singen», rief der Rector sich und den anderen zu, «Herr Kantor!»

Und während sie sangen, löste sich endlich Maries Erstarrung. Sie hob den Kopf, blickte den Rector an und sagte: «Rechts!» Doch das hörte längst niemand mehr, denn alle sangen besonders laut, wenn auch jeder aus einem anderen Grund.

Vor dem Portal der Pfarrkirche blinzelte Marie in einen kühlen und unerwartet hellen Sonntagmorgen. Sie blieb stehen. Er hat mit unverschämten Worten von meiner Mutter gesprochen, überlegte sie, und ich bin kein Kind mehr. Es ist September, der Herbstmond, in dem die Äpfel reif sind und es aus den Mittagstöpfen nach Hirse riecht. Ich weiß, wie ein süßer Hirsebrei mit Sirup gekocht wird, und kann mich allein durchbringen. Ich bin kein Kind mehr.

Sie wollte nicht gleich nach Hause gehen, sondern machte einen Umweg durch die Gärten und dachte dabei an das Flüstern der Jungen und die Worte des Rectors.

Es gibt eine Gefahr um Ursula, aber auch um mich, sagte sie zu sich selbst ganz verwundert. Sie werden immer frecher in ihren Reden. Wer redet so etwas vor anderen? Das ist noch nicht da gewesen. Wer hat die falschen Ohren, und wer redet mit falschen Zungen? Ich muss es herausfinden. Es geht um Ursula, aber es gibt auch eine Gefahr um mich.

Eingesponnen in diese Gedanken, ging Marie zwischen den Gärten umher. Da sah sie plötzlich nicht weit vor sich Caspar an einer Hecke herumschleichen und sich immer wieder um etwas bücken.

«Caspar», rief sie und ging näher an ihn heran, «das hast du gerade recht gemacht, vorhin!»

«Gerade recht?», gab Caspar zurück. «Ich konnt nicht

anders. Jetzt werden sie mich alle auslachen und mich nur noch einen Pisser nennen.»

«Solange du kein Teufelsknecht genannt wirst ...» Marie zuckte mit den Schultern.

«Da sei Himmel und Hölle davor», antwortete er.

Marie sah erst jetzt, wonach sich Caspar zwischen den Gärten gebückt hatte: Er hielt einen großen Strauß von Raute und Bilsenkraut in der Hand.

«Du nimmst dein Maul sehr voll», sagte Marie, «wenn Himmel und Hölle auf einmal vor dir sein sollen.»

«Ich weiß es aber auch», entgegnete Caspar selbstbewusst.

«Was?», fragte Marie. «Was weißt du?»

«Ich weiß, was im Rat besprochen wird. Ich kann es hören, wenn einer kommt, meinen Vater, den Stadtschreiber, zu benachrichtigen. Ich weiß, dass sie bald eine Sitzung halten und über alle Hexen und Hexenmeister in Nördlingen verhandeln wollen.»

«Im Rat? Über die Hexen? Hier in Nörd-?», stotterte Marie.

«Marie!», rief Caspar dazwischen.

«Was ist? Was kannst du mir erzählen?»

«Marie, dort hinten, sieh! Da kommen Ratsherren, ein Advokat ...»

Marie sah von ferne ein paar herausgeputzte Bürger mit ihren Frauen daherkommen.

«Sie dürfen uns nicht zusammen sehen», sagte Caspar.

«Aber ich muss es wissen», beharrte Marie.

«Komm in zwei Tagen um dieselbe Stunde hierher», flüsterte er, «dann weiß ich alles genau.»

Caspar drückte sich in einen Strauch, um nicht mit Marie gesehen zu werden.

Marie zog die Stirn kraus. «Du darfst die Kräuter heute nicht brechen», sagte sie ihm zum Abschied. «Es braucht den abnehmenden Mond dazu. Sonst aber bist du nichts als ein gewöhnlicher Kräuterdieb!»

Dann ließ sie Caspar mit seiner Angst im Gebüsch allein hocken und ging.

Der Doktor mit dem bleichen Gesicht

In der Höll beim Sternwirt saßen die Nördlinger und staunten mit offenen Mündern einen jungen, bleichgesichtigen Mann an, der ganz allein am großen Tisch in der Mitte der Schankstube saß. Er bestellte sich die feinsten Sachen, und Apollonia in der Küche schwitzte, um sie ihm richtig zuzubereiten: Hasenpfeffer, gebratenes Huhn, Schinken mit Eiern, frische Kresse fingerdick drübergestreut ... Aber dann aß der seltsame Gast nur wie ein Vögelchen davon, suchte mit dem Löffel die besten Bissen heraus und winkte dann Marie, den Rest der Speisen wieder abzutragen.

Um einen kleinen Tisch in der Ecke drängten sich die Nördlinger: Frauen aus der Hallgasse, der schwarze Jörg, zwei Alte, denen schon das Bier in der Höll fast zu teuer war. Kopfschüttelnd sahen sie zu, wie der Fremde aß.

«Das ist einer aus vornehmem Haus», mutmaßten sie.

«Ohne goldene Kette? Ohne Besatz von Atlasseide und Damast an seinen Kleidern? Das kann nicht angehen.»

«Oder ist es der neue Rector von der Lateinschule?»

«Der soll hässlich sein wie die Nacht. Und dieser hier ist schön!»

«Aber trübsinnig und mager ist er!»

«Ein Gelehrter wird es sein!»

«Oder einer von den Ordenssäckeln[1], und er verstellt sich nur!

Apollonia kam herein und hörte, wie sie mutmaßten.

«Das ist der Herr Doktor Wolfgang Graf», sagte sie laut, «ein Rechtsgelehrter aus Tübingen. Der Reb und ich haben die Wirtschaft von seiner Familie gepachtet, denn ihr gehört dies Haus seit eh und je.»

«So ein junges Bürscherl und schon ein Doktor!», staunte eine Alte, deren Gesicht hinter den Runzeln schon kaum mehr zu sehen war.

Der Doktor schluckte einen Bissen Hasenragout hinunter und warf der Alten einen verächtlichen Blick zu.

«Einen weichen Burgunder», befahl er Marie.

«Verzeiht, Herr», sagte Marie, «einen Burgunder kennt der Keller der Sternwirtschaft nicht.»

---

[1] Ironische Bezeichnung für die herumwandernden Ordensbrüder, Wanderprediger usw.

«Dann eben den besten Tropfen, der da ist», erwiderte er gekränkt wie ein eitler Knabe, «aber weich und süffig muss er sein!»

«Einen Wein, weich und süffig, trinkt er und redet dabei doch so spitz», wunderte sich einer der Nördlinger.

«Der ist auch aus Tübingen», antwortete ihm missmutig der schwarze Jörg, dem der Doktor gar nicht gefallen wollte.

«Und ein Rechtsgelehrter dazu! Wen wollt Ihr denn hier in Nördlingen das Recht lehren?», fragte ihn einer geradezu.

Der junge Doktor lehnte sich zurück, wischte sich mit einem besonderen Tuch über die Lippen und antwortete: «Ein Rechtsadvokat werde ich hier in Nördlingen sein und mein Haus beziehen am Stänglesbrunnen.»

«Ist das Recht nicht richtig in Nördlingen, dass es einen neuen Rechtsadvokaten dafür braucht?», fragte ein anderer.

«Der Doktor Röttinger ist schon recht», antwortete ihm der junge Doktor, «und hat die Constitutio Criminalis Carolina, was die Peinliche Halsgerichtsordnung aus dem 32. Jahr in diesem Jahrhundert ist, so studiert, wie es heute Brauch ist.»

Er nahm einen Schluck Tauberwein aus dem hohen geschliffenen Glas, das Marie vor ihn hingestellt hatte, und nickte. Der Wein war nach seinem Geschmack.

«Aber dennoch gibt es besonders schwer wiegende Verbrechen», fuhr er fort, «wie das Crimen magiae, bei denen es nötig ist, die neueste Diskussion aus der Universität zurate zu ziehen. Darum bin ich hier.»

«Crimen magiae?»

«Das ist die Hexerei!», sagte ein anderer, der sich mit dem Lateinischen ein wenig auskannte.

«Ganz recht!» Der Doktor nahm wieder einen Schluck und nickte. «Die Hexerei oder Zauberei, die ganz allgemein zu den Crimina excepta und Crimina laesae maiestatis divinae gezählt wird. Also nach göttlichem, aber auch nach weltlichem Recht zu verfolgen ist.»

Die Nördlinger hörten ihm zu, doch verstanden ihn nicht.

«Ist es schon so weit mit den Hexen gekommen, dass man so viel Latein für sie braucht?», fragte einer kopfschüttelnd.

«Diese Unholdinnen stehen im Bündnis mit dem schwärzesten Unhold, dem Teufel selbst. Sie sind ihm zu Willen, haben von daher Macht über Menschen und Vieh, den Hagel und das Wetter. Auch werden ihrer immer mehr, denn die Weiber haben eine Schwäche von Natur aus und eine Neigung zur Wollust, woran der Satan sie angreifen kann. Um sich ihrer zu erwehren, ist kein Studium hart genug. Und hart müssen die Gerichte zupacken, um durch peinliche Befragung und Verderben der Übeltäter die Welt zu bessern.»

Der Doktor griff zum Glas, denn er hatte sich in Eifer geredet und war mit seinen Worten zufrieden.

Nach einigen großen Schlucken fuhr er fort: «In Basel hat eine gestanden, sie habe mit ihren Gespielinnen bei einem Fest den ganzen Wein geleert, und was sie nicht haben leeren können, das haben sie verdorben.»

«Warum nicht auch das Bier?», fragte einer der Nördlinger verwundert.

«Den Wein, sagte ich!» Der Doktor wurde ungeduldig.

«Den von der besseren Sorte? Oder den einfachen?», fragte ein anderer.

«Die allerbesten! Ein unermesslicher Verlust an Muskateller, Tauberwein, Burgunder, ein Fass voll Wein aus Orléans, Romagnawein ...»

«Er red mir zu viel Latein, der Doktor!», unterbrach ihn die Alte.

Der Doktor überging sie und suchte nach etwas Eindrücklichem: «Nahebei Tübingen war eine, die hat gestanden, den Männern die Mannbarkeit abgehext zu haben!»

Doch die Nördlinger saßen unbeeindruckt, wiegten die Köpfe, und der schwarze Jörg kratzte sich hinter den Ohren.

Apollonia fiel zuerst etwas ein: «Da ist den Männern wohl einmal ihr kleiner Zagel abgefallen?»

«Oder verschrumpelt! Wie in großer Kälte!», kicherte eine andere.

«Sie konnten's nicht mehr!», antwortete der junge Doktor, jetzt wurde er unwillig. «Sie haben's nicht mehr zuwege gebracht. Eine Geschichte von abscheulicher Niedertracht! Bei der es bald keine Nachkommen mehr geben wird!»

Er trank hastig und ärgerlich viele Schlucke des köstlichen Weines, und Marie musste ihm eine neue Flasche holen.

«Nachkommen gibt es alleweil genug», sagte eine von den Frauen aus der Hallgasse. «Darum braucht sich der Herr Rechtsgelehrte aus Tübingen nicht zu sorgen! Es sind ihrer manchmal schon so viele, dass eine ganz schwermütig davon wird. So wie es der Maria Schöperlin gegangen ist, die nach ihrem achten Kind einen Wahnsinn davon bekommen hat!»

«Und hat der Herr Doktor Graf nicht selbst schon vier?», fragte ihn Apollonia.

«Schon vier Kinder!», wunderte sich ein Alter, von dem alle wussten, dass er kinderlos geblieben war, weil ihn keine hatte nehmen wollen.

«Und ist doch noch so ein junges Bürscherl!» Die Alte schüttelte verwundert den Kopf.

Der junge Doktor schenkte sich aus der neu geöffneten Flasche ein und trank grimmig ein ganzes Glas auf einmal aus. «Die Mannbarkeit abhexen heißt das Volk austrocknen wollen», sagte er schließlich.

Marie sah die kalte Entschlossenheit in seinen Augen.

«So wie sie das Land ausdörren können mit übermäßiger Hitze oder alles in Nässe und Hagel untergehen lassen wollen: Die Unholdinnen sind heißer und feuchter Natur. Nun sind aber die Weiber, wie die Wissenschaft samt allen Griechen und Lateinern übereinstimmend beschrieben hat, kalter und trockener Natur! Womit die Widernatur der Unholdinnen bewiesen ist.»

«Männerkalt und trocken kenn ich aber auch mehr als genug!», antwortete ihm Apollonia. «Der da», sagte sie und wies auf Michael Reb, der kreuzbesoffen auf einer Bank schnarchte, «der ist inwendig so trocken, dass er alleweil saufen muss wie ein Pferd. Aber einen andern kannt ich, der war so kalt wie seine Gulden, die er unter einem Mauerstein versteckt hielt. Der wollte mich als Hausfrau, dass ich ihm die Wirtschaft führe, damit er statt zehn nur noch vier Kreuzer verbraucht in der Woche. Da hab ich ihm gesagt, er soll seine kalten Gulden doch selber fressen, wenn sie ihm das Liebste sind.»

Die Nördlinger schlugen sich auf die Schenkel und lachten.

Apollonia blickte listig um sich und fuhr fort: «Ein Jahr drauf fand man ihn erstochen und ausgeraubt. Hätte ich das vorher gewusst, so hätte ich mir den kalten doch lieber genommen als den Reb mit der inwendigen Trockenheit und Hitze. Da wär ich jetzt mit den Gulden fein heraus.»

Die Nördlinger zwinkerten mit den Augen und lachten vor Vergnügen. «Die Apollonia, die ist recht!»

«Von wegen kalt und trocken!», rief der schwarze Jörg übermütig. «Schön nass hat sie's in ihrer Höll und ist wärmer auf ihrer Haut als ein sanfter Weißmehlwecken, der grad aus dem Ofen kommt. Darauf trinken wir!»

«Du vergehst dich, Trinklin», sagten die anderen, die den Doppelsinn seiner Worte gehört hatten, «und bringst Apollonia in Gefahr: Sie ist verheiratet!»

«Trinken wir!», wiederholte der schwarze Jörg und schlug mit seinem Krug Bier krachend gegen die der anderen: «Trinken wir dann eben auf die vier Nachkommen dieses bleichgesichtigen Doktors mit seinem Latein. Denn vier ist schon doppelt so viel wie die zwei Leute, die sie gemacht haben. So schnell sollen wir also nicht austrocknen. Trinken wir!»

«Pöbel!», zischte der junge Doktor. Er goss sich ein und trank hastig, ohne Freude. Inzwischen rötete der Wein seine Ohren, und es sah aus, als wollte er sich in einen Ärger hineinreden. «Es sind vier Mädchen!», sagte er. «Kein einziger Stammhalter bis jetzt! Aber sie sollen in Klugheit aufwachsen, dass sie sich verhärten gegen ihre Schwachheit und der Satan sein Spiel mit ihnen nicht treiben kann. Dafür will ich schon sorgen, dass der schwarze Gatte sie nicht verführt und sie niemals durch das Feuer in die Ewigkeit gehen müssen.»

«Aber sind nicht zuweilen schon die falschen Hühnchen gebraten worden?», fragte Apollonia vorsichtig.

«Die falschen nur insofern, als dass sie ja falsch sein müssen: Die Hexen in ihrem falschen Sinn», antwortete der Doktor. Jetzt war er in seinem Element. «Aber mit den Interrogatoria – den wohl erprobten Fragen spezieller und allgemeiner Natur – kann der Richter sie zu einem richtigen Geständnis führen. Das allein zählt.»

«Aber wie kann sie in ihrem falschen Sinn richtig gestehen?», fragte Apollonia vorsichtig weiter. «Muss ihr Geständnis nicht auch falsch sein wie ihr ganzer Sinn?»

«Sie gesteht richtig!», beharrte der Doktor.

«Und soll doch ganz und gar eine Fälscherin sein?» Apollonia sah ihn harmlos an.

«Sie gesteht ihren falschen Sinn richtig», sagte der Doktor, «weil sie das Falsche ihrer Fälscherei gesteht.»

«Also gesteht sie dann doch falsch!», wunderte sich Apollonia.

«Himmel! Herrgott!», brüllte der Doktor, jetzt war er gereizt. «Ist der Verstand an diesen tumben Köpfen denn ganz vorbeigegangen? Sie gesteht vor dem hochweisen Rat ihre Schandtaten ein, ob sie Kindern oder Vieh ein Übel zugefügt, ob und wie sie ihre Hexensalbe bereitet, mit wem und wie sie zu ihren satanischen Festen ging ... Ach, was verschwende ich mich an eure dummen Dickköpfe», der Doktor leerte sein Glas mit einem Zug, «an euern mitleidigen Unverstand», er goss den Rest Tauberwein aus der Flasche in sein Glas, «an eure vernagelten Hirnkästen, die nicht begreifen wollen, welche Wohltat in der Verfolgung und Beseitigung der Hexerei liegt!»

Der Doktor leerte sein Glas und stand schwankend auf.

«Der Menschheit zum Wohle!», brüllte er durch die Schankstube. «Sie wird es einem Doktor Graf einst zu danken wissen!»

Krachend fiel die Bank hinter ihm zu Boden, torkelnd fand er ohne fremde Hilfe zur Tür, dann war er hinaus.

In der Schankstube brach lärmender Jubel los, sie umarmten Apollonia und klopften ihr auf die Schulter. Da hatte sie es einem der bleichgesichtigen Gelehrten aus Tübingen einmal gezeigt. Die verrunzelte Alte rief immerzu: «Er hat mir zu viel Latein im Kopf, der Doktor», und Apollonia gab allen ein Bier auf ihre Kosten aus. Das war ein Saufen und Lachen, und der schwarze Jörg rollte ganz verliebt mit seinen dunklen Augen.

Und was war mit Marie? Marie saß allein in einer Ecke, bleich und traurig, denn sie hatte die kalte Entschlossenheit in den Augen des jungen Doktors gesehen. Er ist eine Gefahr, dachte sie. Apollonia will seine Gefährlichkeit nicht sehen, und die sie als Siegerin feiern, machen sich etwas vor. So ist es nicht.

Marie blickte grübelnd auf ihre Schuhspitzen, als könnten die ihr beantworten, was das alles zu bedeuten habe.

«Der Ring zieht sich enger zusammen», sagte sie schließlich zu sich selbst. «Ursula und ich, wir müssen es in Erfahrung bringen.»

«Marie!», riefen sie da die anderen. «Willst du nicht mit uns feiern?»

«Doch.» Sie stand auf. «Ich will keine Angst haben, ich will mit euch feiern.»

Ursulas Traum Der Wind wehte fröhlich von Osten. Durch eine geöffnete Fensterluke wirbelte er kalt und scharf in die Herdstube des Hindenacher'schen Hauses.

«Schließ die Fenster, Marie», sagte Ursula Haider. «Es ist jetzt die richtige Zeit, um die Speckseiten zu pökeln.»

Aus dem Keller holten sie das irdene Fass mit Salz und frische Speckseiten vom Metzger.

«Wo ist die Hindenacherin?», fragte Marie.

«Sie ist mit den beiden Kindern im Garten, Haselnüsse zu ernten.»

«Und wo ist der Hindenacher?»

«Der tut heut seine Bürgerpflicht und bessert mit den

Nachbarn Zäune zwischen den Gärten entlang der Wege», sagte Ursula.

Also waren Ursula und Marie allein. Marie war das gerade recht, denn sie wollte mit Ursula reden.

Aber zuerst suchten sie die Gewürze zusammen: Wacholderbeeren, Koriander, getrockneten Knoblauch und getrocknete Zwiebeln in Ringen, Thymian und Majoran, zehn Lorbeerblätter, Kümmel und Senfkörner, jeweils fast eine Hand voll. Pfeffer hatten sie keinen.

Marie begann, eines nach dem anderen im Mörser zu zerstoßen, und sagte langsam, nach Worten suchend: «Die Gefahr wird immer größer, Ursula! Sie ist wie ein Ring, der sich enger zusammenzieht. Jetzt haben sie einen Rechtsadvokaten in die Stadt geholt, einen Doktor mit kalten Augen. Und im Rat wollen sie sich besprechen. Was willst du tun?»

«Gestern ging ich um Wecken beim Bäcker vorbei», antwortete Ursula. «Da standen ein paar Leute bei ihm, die alle am Alten Graben wohnen. Als ich eintrat, wendeten sie alle ihre Gesichter von mir ab, so als hätten sie sich untereinander verabredet. Warum sie sich denn umwendeten, habe ich gefragt. Da antwortete mir die dicke Anna Koch, ich solle mich nicht so verstellen, ich müsste doch wissen, was über mich geredet würde.

Da sagte ich: Man nennt mich Papperlinsnärrin, weil ich einmal einen teuflischen Knecht zum Freund hatte!

Aber die dicke Anna Koch war frech und sagte, ich solle mich nicht so verstellen. Das sei doch nicht alles. ‹Drei kleine Gräber auf St. Emmeran sprechen eine andere Sprache!›, sagte sie. Und ich sollt meine Wecken woanders kaufen, denn sie wollten nicht in den Geruch geraten, den ich mit mir herumtrage.

Da habe ich eine Angst bekommen und bin gegangen. Hinter mir hergelacht haben sie, die Nachbarn und die dicke Anna Koch. Die trug schon wieder einen neuen Kragen, mit Spitzen über und über besetzt. Und um ihren feisten Hals hing eine Kette ganz aus roten Korallen. Sag, Marie, darf sie das? Sie ist doch nur die Gastgebin[1], wenn auch vom ‹Goldenen Engel›, gewesen?»

«Ursula, du verstehst es nicht richtig», antwortete ihr Marie eindringlich. «Im Rat wollen sie über die Hexen in unserer Stadt verhandeln. Du weißt, dass man dich schwer beschuldigt und dass es immer mehr werden, die so reden. In den Straßen sogar und an den Brunnen, wo die Nachbarn zusammenstehen. Was willst du also tun?»

Statt zu antworten, unterbrach Ursula das Putzen des wuchtigen hölzernen Fasses, darin die gepökelten Speckseiten liegen sollten, und stellte sich mitten in den Raum.

«Sieh mich an, Marie! Was siehst du auf meinen Schultern?»

Marie blickte sie verwundert an. «Ich sehe deine Schultern, Ursula, schmal sind sie geworden!»

Ursula schüttelte den Kopf und griff sich mit der Hand einmal rechts und einmal links auf ihre Schultern. «Und was siehst du hier liegen?», fragte sie.

«Nichts, Ursula, ich sehe nichts! Es sind nur deine Schultern da, rund und weich. Und schmal sind sie geworden!»

---

1 Gastwirtin

«Du siehst falsch, Marie», sagte Ursula mit einer ungewohnten Festigkeit in der Stimme. «Auf jeder Schulter trage ich einen schweren Wackerstein. Rechts einen und links einen. Mein Papperlinsknecht hat sie mir aufgebürdet, seit ich es falsch gemacht habe mit dem Kind. Darum hat sich das Blut an seinem Leichnam gezeigt.»

Marie sah Ursula voller Entsetzen an. Sie ließ den Stößel zu Boden fallen, dass es krachte und ein Loch in die Dielen schlug.

«Ursula!», schrie sie auf, fasste sich aber im selben Augenblick und ging auf sie zu. «So darfst du nicht reden», sagte sie und strich ihr mit beiden Händen über die Schultern, «du bringst dich in Gefahr. Komm zu dir, Ursula, rede mit Vernunft, dass ich dich verstehen kann. Und – was willst du tun?»

Ursula lächelte, als Marie so zu ihr sprach. «Du bist ein gutes Kind, Marie. Du wärmst mich wie die Sonne das Fell der Eichhörnchen im Sommer. Jetzt werden wir den Speck pökeln.»

Ursula begann, mit dem Tuch das hölzerne Fass auszureiben. Sie achtete darauf, dass sie ihren Arm nur rechtsherum bewegte, denn das Holz sollte nicht rissig werden und austrocknen. Marie nahm den Stößel vom Boden auf und fing an, den Koriander zu klopfen.

«Was willst du tun, Ursula?», fragte Marie wieder.

«Heute Nacht war ich unruhig», antwortete Ursula, «ich konnte nicht einschlafen. Immerzu hörte ich die Stimme der Anna Koch und sah ihr freches Lachen. Da rieb ich mir von meinem Balsam auf die Haut, bis mir durch und durch wohlig wurde davon. Ich fühlte mich leicht und frei über den Weinmarkt gehen und sah die große Tür des Zahlhauses[2] offen stehen. Darin stand Peter Lemp, der Zahlmeister[3], und winkte mir. Mit seinen schönen Händen winkte er mir, und seine guten Augen riefen mich. Nebeneinander gingen wir schwebend durch die hohen Räume der Hall, durch das ganze Haus bis in ein winziges Stübchen unter das Dach. Dort brannte ein Licht auf einem Tisch, der ganz übersät war mit Zetteln, die fremde und geheimnisvolle Zeichen und Zahlen trugen.

‹Was suchst du, Ursula?›, fragte er mich, und in seinen sanften Augen glomm ein Feuer.

‹Ich suche den, der meinen Papperlinsknecht befehligt hat, mich wirr zu machen›, antwortete ich ihm. ‹Wer einem Papperlin gebietet, kann auch den Fluch von mir nehmen: Denn das Blutzeichen lastet auf mir so schwer und bezichtigt mich als Mörderin, bald kann ich es nicht mehr tragen. Dazu kreist mir jener Teufelsknecht auf der linken Seite hinauf und hinunter. Und wenn es so ist, und ich berühre mich selbst an meiner Linken, so bin ich eiskalt. Es liegt ein Fluch auf mir. Ich suche den Gebieter des Papperlin!›

Peter Lemp hatte mir zugehört und führte mich zu einem Fernrohr, das aus einem geöffneten Dachfenster auf die unendlichen Sterne am Himmel gerichtet war.

---

2 Städtisches Lagerhaus für Wein, Salz («Hall») und Korn und Amtshaus des städtischen Zahlmeisters. Das riesige Gebäude steht heute noch am Weinmarkt in Nördlingen.
3 Finanzverwalter der Stadt; Peter Lemp war als ausgezeichneter Mathematiker und Astrologe bekannt.

‹Sieh hinaus, Ursula›, sagte er, ‹und sieh, ob du ihn dort findest.›

Und ich sah durch das Fernrohr und verlor mich in den eiskalten glitzernden Sternen. Dazwischen sah ich viel Getier herumfahren: Böcke mit Flügeln, Katzen mit Schnäbeln, scharf und spitz, Vögel mit Menschengesichtern, andere mit Rüsseln. Nur den Gebieter meines Papperlin sah ich nicht.

‹Sieh da!›, sagte der Peter zu mir und zeigte mir das Sternbild des Orion. ‹Dort entsteht unter Feuer und Donner ein neuer Stern. Ein neuer Kaiser wird geboren, oder die Zeiten wenden sich, so schreiben es die Alten.›

Und ich sah durch das Fernrohr im Sternbild des Orion etwas, das rote Funken versprühte, als würde dort im Feuer geschmiedet.

‹Und der Gebieter des Papperlin?›, fragte ich Peter, der im dunklen Licht der Nacht schön war, als wäre er gerade vom Himmel auf die Erde gefallen.

‹Den brauchst du nicht zu suchen›, antwortete er mir, ‹der hat seine Macht verloren. Und der Traum des Kopernikus[4] wird wahr sein und zwischen den Sternen nichts übrig lassen als die Entfernung oder die nackte Länge von Wellen. Die Zahlen in ihrer Reinheit sind das größte Geschenk Gottes an uns.›

Durch seine Worte war ich getröstet. Dann vereinigten wir uns mit zarten durchsichtigen Leibern, für die es kein

---

4 Nikolaus Kopernikus, 1473–1543, führte anhand von Berechnungen als Erster den Nachweis, dass die Erde um die Sonne kreist und nicht umgekehrt, wie es die Lehrmeinung der Kirche war.

Hindernis gab. Danach kehrte ich auf dieselbe Weise zurück, wie ich ausgegangen war.»

Ursula schwieg.

Marie senkte den Kopf, um sie nicht das Entsetzen in ihrem Gesicht sehen zu lassen. Ihre Ratlosigkeit schmerzte sie. Eine Stille breitete sich aus wie sonst nur in tiefster Nacht.

«So darfst du nicht reden, Ursula», sagte Marie endlich, während sie die zerstößelten Gewürze mit Mühe unter gut sechs Pfund Salz zu mischen begann. «Mir wird ganz bang im Herzen, wenn ich dich so gottlos reden höre. Du redest von heidnischen Geistern. Niemand darf von den heidnischen Geistern sprechen, sonst gewinnen sie Macht über uns, und du bist wirklich eine arme Närrin!»

«Ich weiß, was ich weiß», sagte Ursula verzweifelt, «ich bin gezeichnet wie keine andere. Ein diebischer Teufelsknecht schlägt mich. Von allen guten Geistern bin ich verlassen. Ich arme Papperlinsnärrin!»

Traurig ließ Ursula den Kopf sinken und rieb die Speckseiten eine nach der anderen dick mit der Mischung aus Salz und Gewürzen ein. Dazwischen mischte sie ihre heißen Tränen.

Und Marie tat in ihrer Ratlosigkeit wie sie.

Da kam die Hindenacherin herein und mit ihr die beiden Kinder.

«Marie, spielst du mit uns das Versteckspiel?», fragte der ältere, dickliche Junge.

«O ja», Marie schrie es fast heraus, «ich komme.»

Blitzschnell wusch sie sich die Hände und trocknete sie mit einem Tuch.

«Wo seid ihr, ihr kleinen Dickwänste, ihr Faulpelze, ich will euch Beine machen! Ich komme!» Und wirbelte mit den Kindern aus der Stube und tollte mit ihnen auf der Straße herum, kroch auf den Knien unter Zäunen hindurch und lief mit ihren größten Schritten quer durch den Garten.

Ursula schichtete unterdessen das Fleisch Lage auf Lage in das hölzerne Fass und gab zwischen jede Lage ein paar Hände voll von der Gewürzmischung. Als alle Speckseiten eingeschichtet waren, bedeckte sie sie mit einem Tuch, darauf sie ein Brett legte, das wiederum mit einem Stein beschwert wurde.

«Es ist gut, dass ihr heut pökelt», sagte die Hindenacherin, «dann werden wir im Wintermond einen fein gewürzten Speck zu schwarzem Brot essen und es uns wohl sein lassen.»

«Einen vollen Monat braucht der Speck, um weich zu werden im Gewürz, einen vollen Monat braucht er, um hart zu werden im kalten Rauch des Rauchfangs.»

«Was redest du, Ursula», wunderte sich die Hindenacherin, «das ist doch immer so.»

«Jaja», sagte Ursula, «das ist schon ein merkwürdiger Gesell, dieser Speck.»

Marie tobte mit den Kindern herein, und Ursula bückte sich zu ihr, um ihr leise zuzuflüstern: «Am Sonntag gehen wir zur Vogelbäurin, das ist die weise Frau, der ich traue. Sie wird einen Ratschlag wissen.»

Marie nickte, was hätte sie sonst tun sollen. Wehmütig sah sie den Kindern nach, die mit ihren Steckenpferden zur Tür hinaus auf und davon ritten.

Beim Judendoktor

Am nächsten Tag ging Marie früh aus dem Haus, um Caspar zu treffen, wie sie es verabredet hatten. Auf ihrem Weg zu den Gärten sah sie zufällig, wie er am hinteren Eingang einer Metzgerei lehnte und ganz gebannt war von dem, was er erblickte. Marie ging näher.

Von seinem Platz aus konnte Caspar einen ganz mit steinernen Fliesen ausgelegten Raum einsehen, in dem ein Metzger und seine Gehilfen dabei waren, einem Hammel sowie einigen Schafen den Garaus zu machen.

Ein Gehilfe hängte das gerade erstochene Schaf kopfunter an einen Haken, weitete ihm das Loch in der Halsschlagader mit einem breiten Messer und fing das Blut in einer darunter stehenden Schüssel auf. Dann zog er dem Tier mit wenigen Handgriffen kunstfertig das Fell über die Ohren.

«Caspar», rief Marie ihn halblaut an, «was stehst du hier und bist vergafft in das Metzgerhandwerk! Komm zu einem Ort, wo wir miteinander reden können.»

Caspar blickte kurz zu ihr hinüber und wedelte unwillig mit den Händen. «Pst, Marie, sei still! Sonst vertreiben die uns hier.»

Der Metzger nahm jetzt ein Messer von besonderer Schärfe und Länge, setzte es dem gerade entkleideten, kopfunter hängenden Tier auf der Bauchseite, kurz unterhalb des Darms an und zog es mit einer einzigen schnellen Armbewegung hinunter.

Marie hatte das schon oft bei den Metzgern in der Münzgasse gesehen und war es leid.

«Caspar», sagte sie bittend, «du musst mir sagen ...»

«Pst», machte Caspar unwillig und schnitt dabei ein so wütendes Gesicht, dass Marie nicht wagte, ihn weiter zu drängen.

Der rasche Schnitt des Metzgers hatte dem Tier augenblicklich Magenhöhle und Brustkorb geöffnet, und das Innere fiel in einen großen, dafür bereitgehaltenen hölzernen Trog. Darmschlingen, dicke und dünne, erkannte Caspar, eine recht prall gefüllte Harnblase, eine grün-giftige Spur dazwischen. Die Galle, dachte Caspar und reckte sich auf die Fußspitzen, um nichts zu versäumen. Der Metzger arbeitete jetzt, um Lungen und Herz herauszulösen. Dabei stellte er sich genau vor das geöffnete Tier, und Caspar wurde damit der Blick verdeckt.

«Schade», sagte Caspar, während er mit Marie fortging, «gerade die Farbe der Lungen hätte ich so gern gesehen. Es gibt sie in den unterschiedlichsten Tönen, ganz überraschende. Du weißt, dass ich Doktor werden will?»

«Alle wissen es», erwiderte Marie, «und das Latein kannst du ja fast schon wie ein richtiger Doktor.»

Caspar nickte. «Ich lerne es jeden Tag, Marie», sagte er ernst, «und gehe nicht raufen wie die anderen und steige den Weibern hinterher. Ich lerne jeden Tag Latein und will auf die Universität und später ein Doktor werden, wie es in Nördlingen keinen zweiten gibt. Die Anatomie und die metallischen Verbindungen will ich studieren und vielleicht ein Mittel entdecken gegen die Fallsucht oder sogar die Pest.»

«Du nimmst dein Maul sehr voll, Caspar», meinte Marie.

«Du magst Recht haben», antwortete Caspar unbekümmert, «aber ich denke nicht allein so, sondern habe meine Gedanken über die neuen Wissenschaften von einem großen Freund, der ein sehr weiser Mann ist, wie ich keinen weiseren kenne. Er ist ein Judendoktor, Marie!»

«Ein Judendoktor?», wiederholte Marie ungläubig, denn sie wusste, dass Juden schon seit Menschengedenken nicht mehr in Nördlingen wohnen und nur mit besonderem Passierschein zu besonderen Zwecken die Stadt tageweise besuchen durften.[1]

«Ja», sagte Caspar, «einmal war einer krank im Haus des Ratsherrn ...»

«Ich hab keine Zeit für deine Weitschweifigkeit», unterbrach ihn Marie, «und will nicht alle Geschichten von deinem Freund, dem Judendoktor, hören. Sag mir, was du weißt.»

«Marie», sagte Caspar eindringlich, «ich will dich doch jetzt zu ihm führen, dass wir dort und mit ihm alles bereden.»

---

[1] Solche besonderen Zwecke waren z. B. der Besuch der Handelsmesse, ein Geschäftsabschluss oder auch eine von einem Bürger verlangte medizinische Behandlung.

«Das willst du wirklich tun?», fragte Marie, denn sie verstand, wie sehr Caspar diesen Doktor schätzte.

«Ja», sagte Caspar, «er weiß es am besten.»

In einer Straße, in der vornehmlich Grautucher, Leinweber und Geschlachtwander ihre Häuser hatten, betraten sie das prächtige Haus eines Barchentwebers von der Hofseite her.² Hinter der Tür zur Stube, die geschlossen war, hörten sie zwei Männerstimmen heftig Worte wechseln. Caspar klopfte, ohne zu zögern, an die Tür und trat gleich darauf ein. Marie folgte ihm. Sie fanden den Judendoktor in einen Disput mit dem Hausherrn verwickelt, es ging dabei wohl um das Weberhandwerk und die Lage im Allgemeinen.

«Caspar, mein junger Freund der Medizin», unterbrach sich der Judendoktor augenblicklich, und Marie sah das freundliche Lachen und die lebhaften Augen in seinem Gesicht mit dem kohlschwarzen Bart. Dem Hausherrn schien die Unterbrechung gelegen zu sein, denn er verabschiedete sich, um später wiederzukommen.

«Was gibt es, Caspar?», fragte der Doktor gut gelaunt.

Marie sah auf dem Tisch den gelben, in der Mitte spitz zulaufenden Hut liegen, wie ihn die Juden zu jener Zeit ständig tragen mussten.

«Das ist Marie», erwiderte ihm Caspar auf seine Frage, «die mit der beredeten Ursula Haider unter einem Dach wohnt. Sie muss wissen, ob es eine Gefahr für sie gibt.»

---

2 Für jede Tuch- oder Stoffart gab es besondere Herstell-, Web- und Färbeverfahren, entsprechend Zuschneider und Schneider. Geschlachtwander fertigten feine Tuche aus flämischer Wolle.

Der Doktor – er ist alt und jung auf einmal, wunderte sich Marie – wies auf einen Stuhl. Marie setzte sich, und der Doktor sah sie lange aufmerksam an.

«Ursula ist ohne Zweifel in höchster Gefahr», begann er. «Die Verdächtigungen wachsen von Tag zu Tag, schon redet man draußen in den Dörfern und im Oettingenschen davon, sagt es einer dem anderen auf gehässige Weise. So zieht sich ein Ring enger zusammen. Zum Schluss ist das Gerede turmhoch gewachsen und kann eine wohl lebendig unter sich begraben ...»

Wie merkwürdig, dachte Marie bei sich, er benutzt meine Worte von dem Ring. Und sie blickte den Doktor aufmerksam an, ob sie irgendetwas Hellseherisches an ihm finden könnte.

«Die größte Gefahr», fuhr der Doktor fort, «sind die rechtsgelehrten Doktoren Graf und Röttinger. Du musst diese Namen kennen, Marie. Sie sind die eifrigsten Anhänger des römischen Rechts und wollen ihren Weg als Kenner desselben machen. Nun sind die Regeln der Peinlichen Halsgerichtsordnung Kaiser Karls ein Riegel vor die Willkür der alten Zeit, aber ...»

Der Doktor hielt gedankenverloren inne, und Marie fragte ihn nicht.

«Die andere Gefahr rührt von dem Bürgermeister Pferinger selbst her», fuhr der Doktor nach einer Weile fort. «Zu seinem unruhigen Tatendurst kommt sein Ehrgeiz, es dem beliebten alten Bürgermeister Peter Seng an Berühmtheit gleichzutun. Er glaubt an eine Verschlechterung der Welt und will Nördlingen davor bewahren. Zu Trier ist in diesem Jahr ein Traktat gedruckt worden, das von einem

Peter Binsfeld verfasst wurde und von der Hexerei handelt. Du musst dir diesen Namen merken, Marie. Der Pferinger hat sich das Traktat kommen lassen und es wohl studiert. Darin ist die Rede von dem Anwachsen der Macht des Teufels und vermehrter Sündhaftigkeit, mit der die Menschen vom Teufel geschlagen sind. Sieht er aber den Hauptgrund für einen drohenden Untergang der Menschen in der Hexerei, so wird er nicht ruhen, bis die Hexerei in Nördlingen ausgeräumt ist bis auf die letzte Verbündete des Teufels.»

«Aber ist es nicht wahr, wenn sie in der Pfarrkirche predigen, dass Gott einen Unschuldigen nicht sterben lassen wird, dass er's nicht zulassen wird?», fragte Marie.

«Solche Predigt ist nicht wahr», erwiderte der Doktor jetzt scharf und lebhaft. «Sind nicht die christlichen Märtyrer vor dem christlichen Kaiser gestorben und waren sicherlich unschuldig in allem? Und ist nicht auch mein Volk vielfach unschuldig gestorben? Sind wir nicht unschuldig als Hostienschänder, als Brunnenvergifter und Mörder des Christus vielfach verfolgt, mit Fluch beladen und ermordet worden? Und war Christus dabei doch nichts anderes als einer aus dem jüdischen Volk?»

Marie wusste sich keine Antwort und schwieg.

«Nun ist die Hexerei ohne Zweifel ein abscheuliches Verbrechen», fuhr der Doktor fort, «ja sogar ein Sonderverbrechen. Aber ganz etwas anderes ist das Auftreten neuer Krankheiten. So lehren Mediziner und andere Gelehrte, dass in der Natur zuweilen Unerklärliches und Wunderbares geschieht. Aber lass einmal irgend so etwas in Deutschland sich zeigen. Schon überlässt man sich Gott weiß welchem Leichtsinn und Unsinn, denkt nur an Hexenwerk und schiebt die Schuld auf die Zauberer.»

Der Doktor redete gemessen und leise, sah Caspar und Marie dabei aufmerksam an.

«Nun ist es durch geschickten Handel wohl möglich, schneller zu Reichtum zu gelangen, als es einem ungeschickten Händler oder verbohrten Zunftmeister möglich ist. Geschieht dies aber in Deutschland, so stecken gleich ein paar Nachbarn, denen das Glück weniger hold ist, die Köpfe zusammen, raunen von Hexen und setzen haltlose Verdächtigungen in die Welt. Das alles zu verstehen ist jedoch ein schwieriges Unterfangen, und ich will mir jetzt nicht anmaßen, das Richtige dabei herauszufinden.»

«Ich kann es nicht begreifen», sagte Marie, «mein Kopf wird mir schwer davon wie ein Sack tauber Nüsse.»

Der Doktor sah sie traurig an. «Ich weiß wohl», sagte er müde.

«Aber was ist mit der Sitzung, die sie im Rat halten wollen?», fragte Caspar.

«Ja», sagte der Doktor unbestimmt und sah einer hässlich brummenden Fliege zu, die kräftig gegen die Scheibe geflogen und hinuntergefallen war und alle Mühe hatte, wieder auf die Beine zu kommen. «Da werden sie den Stein ins Rollen bringen.»

«Ich kann es nicht glauben», wiederholte Marie.

«Sie werden den Stein ins Rollen bringen», sagte der Doktor, «und keiner von uns wird wissen, was sie bereden. – Da würde es sich einmal lohnen, die Fliege am Fenster zu sein und dabei zuhören zu können», lachte der Doktor, aber es war ein müdes Lachen, ohne Freude.

«Zuhören können?» Caspar sprang auf. «Das ist es! Man müsste zuhören können!»

«Ein Hitzkopf und Möchtegern bleibst du doch», lachte der Doktor, der Caspar von dieser Seite her wohl gut kannte.

«Aber es geht doch», beharrte Caspar, «ich kenne den Erkersaal, in dem sie ihre Sitzung halten. Als ich noch klein war und meinen Vater dort in der Schreibstube besucht habe, da ist er oft mit mir durch die Räume und auch diesen Saal gegangen. Es gibt einen Erker dort und den berühmten Ofen mit den Kacheln, die ein hoch gerühmter Künstler besonders für diesen Saal gefertigt hat. Es ist leicht, sich dahinter zu verstecken und alles mit anzuhören, was der Rat beschließt.»

Der Doktor schob bewundernd seine Unterlippe vor: «Das würde wohl gehen», sagte er, «aber wer soll es tun?»

«Ich kann es tun», erwiderte Caspar schnell.

«Und wenn sie dich finden?»

Caspar wurde kleinlaut. «Dann ist es aus mit dem Latein», sagte er, «und ein Doktor werde ich nie.»

Der Doktor sah der hässlichen Fliege zu, die jetzt auf seinem gelben Hut herumkroch, und lachte.

«Dann will ich es tun», sagte Marie.

«Aber es ist nicht ohne Gefahr», meinte der Doktor. «Hast du denn Mut genug dazu?»

«Ich will mir Mühe geben», antwortete Marie, «und ich muss die Wahrheit wissen. Wo eine Gefahr ist, kann es ungefährlich nicht sein.»

«Aber könntest du es über Stunden hinter dem Ofen

aushalten? Ohne zu niesen oder zu husten und ohne dich zu rühren?», fragte der Doktor.

«Ich werde es können, wenn ich will.»

«Es ist deine Sache, Marie», sagte der Doktor.

Marie dachte an Ursula und ihren Traum, an die hässlichen Worte des Rectors und wie es allein an ihr war, einen Ausweg zu finden.

«Ich weiß», antwortete Marie, «und ich werde es tun.»

Die belauschten Ratsherren

Etliche Tage später stieg ein Mädchen in aller Frühe eilig die Stufen zum Rathaus empor. An ihrem Arm trug sie einen großen bauchigen Korb, über den ein weißes Tuch gebreitet war. Die an den Tagen der Ratssitzung vor der Treppe postierten Wachknechte ließen sie passieren, ohne sie genauer anzusehen oder nach ihrem Namen zu fragen. Sie hielten sie wohl für eine Magd, die das Laugengebäck brachte, das den Ratsherren bei ihren Sitzungen zum Wein so gut mundete.

So gelangte Marie ganz unauffällig in das Rathaus, sah sich um und fand auch bald eine Nische, in die sie ihren unter dem Tuch völlig leeren Korb stellen konnte, ohne dass er auffiel oder von jemandem weggenommen werden konnte. Marie spitzte die Ohren, und da sie alles im großen Gebäude still fand, löste sie in Windeseile ihre Schürze, band ihren schweren Rock ab und verstaute die Sachen im Korb. Jetzt stand sie in Beinkleidern da, wie die Jungen sie trugen. Die hatte ihr noch am Abend zuvor Caspar in den Garten gebracht. Mit zitternden Händen hatte er ihr die Hosen übergeben, so aufgeregt, als müsste er sich selbst in die Gefahr begeben. Marie sah an sich hinunter und lachte.

Draußen pfiff ein scharfer Herbstwind und zog kalt durch Ritzen und Fugen, die ein solcher Wind selbst in doppelt und dreifach dickem Gemäuer findet. Drinnen huschte Marie in ihren Hosen über die Gänge, öffnete sacht die schwere Tür zum Sitzungssaal und kauerte sich hinter die Holzscheite, die hinter dem gekachelten Ofen aufgestapelt waren. Wenigstens werde ich es hier warm haben, wenn sie noch ein wenig einheizen, dachte sie.

Es dauerte nicht lange, bis die Saaltür aufflog. Jemand durchquerte prustend und niesend den Raum, kam genau auf den Kachelofen zu und begann tatsächlich, ein ordentliches Feuer zu legen. Das kann nur der Ratsdiener sein, dachte Marie.

Scheit um Scheit nahm dieser Mensch von dem Holzstoß, hinter dem sie sich zusammenkrümmte, klein wie ein gerupfter Vogel. Das Herz schlug ihr bis zum Hals, und sie steckte die Nase zwischen die Knie, damit sie nicht von den Rauchschwaden gebissen würde. Vor dem Ofenloch, mitten im Rauch, kniete der Ratsdiener, donnerte und prustete aus Mund und Nase wie zehn Pferde auf einmal. Dazwischen verfluchte er den steifen Wind, der dem Rauch den Abzug erschwerte. Als er fertig war, öffnete er die Fenster, um die Schwaden hinauszulassen, und ein Windstoß ließ Marie hinter dem Ofen durch und durch erschauern.

«Bald habe ich es heiß, bald friert mich», sagte Marie zu sich selbst: «Wo ist Ursula? Warum ist niemand bei mir? So allein wie nie zuvor bin ich in der Gefahr und will mich doch nicht fürchten.»

Ein neuerlicher Windstoß schreckte sie auf. Diesmal waren es die Ratsherren selbst, die den Sitzungssaal betraten. Als erstes erkannte Marie die näselnde Stimme des Bürgermeisters Pferinger, der herrisch verlangte, die Fenster zu schließen. Pferingers Schritt verhielt unmittelbar vor dem Kachelofen. Marie schien es, als würde er die Wärme des Ofens mit der Hand an der Ofentür prüfen. Kein Wunder, dass er friert, dachte sie, alle sagen, dass er inwendig ganz und gar kalt ist wie ein Fisch, den man im Winter aus der Eger holt. Pferinger zuckte offenbar missmutig die Schultern, denn Marie konnte deutlich hören, wie ein gestärkter Kragen seine magere Haut schabte.

Marie schlug das Herz bis zum Hals.

Den reichen Tuchhändler und Geschlachtschneider Hans Jörg erkannte Marie an seinem scharfen Bass, so wie sie den Gastgeb Caspar Herlin an seiner heiseren lispelnden Stimme erkannte. Bei Herlin war sie oft als Botin der Sternwirtschaft gewesen. Einem anderen tröpfelten die Worte so zähflüssig über die Lippen, dass man meinte, er wollte jedes Wort einzeln kosten, ehe er es losließ. Marie erkannte daran den Tuchmacher Melchior Welsch.

Die Sitzung wurde eröffnet von einem, der sich in aller Form als der amtierende Bürgermeister Johann Bosch vorstellte. Der erklärte, die Leitung der Versammlung Johannes Pferinger in die Hand legen zu wollen, denn der sollte in wenigen Tagen die Amtsgeschäfte als Bürgermeister für die folgenden vier Monate übernehmen: Und das Thema, das es heute zu verhandeln gälte, sollte also unbedingt unter sein Regiment fallen.

Der Pferinger erhob seine fistelige Stimme so sacht, dass im selben Moment die anderen aufhören mussten, die Nasen zu schnäuzen und mit den Füßen zu scharren, wenn sie ihn verstehen wollten. Dann war es, als hielten alle den Atem an.

Er danke seinem Vorgänger und wisse die Verantwortung wohl zu tragen, begann er, sofern ihm Gott beistehe, wie er es bisher getan habe.

Pferinger hob schneidend die Stimme, und Marie vergrub den Kopf zwischen den Knien, denn sie fürchtete durch ihr Zittern gegen die Holzscheite zu stoßen und sich durch ein Geräusch zu verraten.

«Böse und dunkel sind die Zeiten, denen wir entgegengehen», fuhr er fort, «das ist viele Male erwiesen. Wiedertäufer[1] und andere Ketzer[2] fallen wie Raupen, Flöhe und Heuschrecken über das Land. Und niemand wagt, ihnen

---

1 Von der Kirche verfolgte Glaubensrichtung, die die baldige Ankunft des Reiches Gottes auf Erden erwartete und für soziale Gerechtigkeit eintrat
2 Ketzer hießen die Anhänger einer verfemten Glaubensrichtung.

zu wehren. Neuerdings mehren sich wiederum die Schmähschriften der Papstanbeter gegen die lutherischen, so als hätte es den Augsburger Reichstagsabschied[3] von 55 nie gegeben. Auch wenn sie uns nichts anhaben können, so säen sie doch Unruhe. Und die Juden, so hört man, haben jüngst in einem herumstreunenden Vielschwätzer ihren Messias erkannt. Die Türken rüsten wieder gegen Wien, und die Handelswege sind unsicherer denn je.

Das Schädlichste aber ist, wie sich durch all das Verwirrung in den Köpfen der Menschen festsetzt. Sitzt aber dort erst einmal das Übel, so ist es kaum mehr herauszubringen, und Verfall der Sitten und des Geistes werden allerorten die Folge sein. Also muss man dem Übel seinen Weg abschneiden, bevor es in die Menschen hineingelangt. Das ist die allervornehmste Aufgabe der Stunde.»

Pferinger unterbrach sich, und in die Stille hinein tröpfelten die Worte des Tuchmachers Welsch: «Das verstehe ich nicht.»

«So kommen wir gleich zur Sache», fuhr Pferinger fort. «Die Hauptschuld an all diesen Übeln unserer Zeit kommt bekanntlich der Hexerei, Zauberei, Schwarzseherei, den nachtfahrenden Weibern, allen Teufelsbuhlen zu. Sie sind die Mittler, mit deren Hilfe sich der Böse die Menschen von innen erobert. Das aber ist ein Weg voller Hinterlist und Heimtücke. Treuherzig bauen wir noch

---

3 Auch: Augsburger Religions- und Landfriede 1555: Die Obrigkeit erhielt Religionsfreiheit, d. h., sie durfte über die Religion, die Konfession ihrer Untertanen in ihrem Gebiet bestimmen. Andersgläubige erhielten Abzugsrecht.

heute Stück um Stück unsere Stadtmauer fester und sicherer, dass das Leben in unserer Stadt friedlich gedeihe. Und wissen dabei doch nicht, wie viele morgen schon in Buhlschaft mit dem Bösen umgehen und all unsere Werke zunichte machen.»

«Ein feste Burg ist unser Gott», warf der scharfe Bass des Tuchhändlers Jörg ein.

«Richtig», sagte Pferinger, «wachsame Diener des Glaubens wollen wir sein und uns ein Beispiel daran nehmen, wie man in Esslingen, Württemberg, Stuttgart, Rottenburg, Osnabrück, Hamburg, Rottweil und Gelnhausen die Unholdinnen schon in hellen Scharen verbrennt und so ausrottet das Übel. Denn der Teufel ist zu dieser Zeit ganz und gar ausgelassen und wütet allerorten. Nur in Nördlingen ist von diesem Eifer bisher keine Spur. Es hat offensichtlich an den richtigen Köpfen gefehlt, die Sache anzugreifen.

Der Bürgermeister Bosch räusperte sich verärgert, aber Pferinger ging darüber hinweg.

«Nun, so will ich dann den Anfang setzen, sobald ich Bürgermeister bin, und unserer Stadt zu größerer Blüte denn je verhelfen. Dafür soll mein Name stehen.»

Wiederum räusperte sich Bosch, aber Pferingers Stimme kam schneidend in Fahrt.

«Zum Zeichen der neuen inneren Festigkeit will ich in unserer Stadt etliche neue Gebäude aufrichten lassen. Wie die Kornschranne[4], deren Vergrößerung am unsicheren

---

4 Lagerhaus für Korn, das 1601–1607 nach Plänen Pferingers gebaut wurde und noch heute in Nördlingen zu besichtigen ist

Boden nicht länger scheitern soll, den Löpsingertorturm, die Frage der Bastei ...»

Der Tuchhändler Jörg fuhr dazwischen mit seinem scharfen Bass. Dass der Pferinger auch ein großer Bildschnitzer und Baumeister sei, wisse man wohl, sagte er, das brauche er aber nicht wie Maulaffen in jeder Rede neu anzubringen.

«Genau», das war die lispelnde Stimme des Gastgebs Herlin. «Die Stunden fliehen schnell. Uns dürstet nach einer Tat. Auch sollten wir den leiblichen Schlund nicht zu lange trocken liegen lassen.»

Die anderen Ratsherren brummten ihre Zustimmung, und so ließ man sich den Wein hereintragen, den man aus den besten geschliffenen böhmischen Gläsern zu sich nahm.

Pferinger aber trank nicht, sondern sprach weiter: «Unheil droht uns mitten aus unserer Stadt. Die Unholdinnen verraten sich jedoch in ihrem schwächsten Glied. Das zeigt sich heute in der alten Ursula Haider, über die ein Gered angehoben hat, dass sie nicht unschuldig sein kann. Wo so viel Gered ist, *ist* eine Schuld. Und die wollen wir an den Tag bringen.»

«Das verstehe ich nicht», tröpfelte die Stimme des Tuchmachers Welsch dazwischen. «Die Ursula ist ein alt verworren Weib.» Er bedachte seine Worte und fuhr dann fort: «Lebt aber seit Jahr und Tag in der Stadt, warum soll jetzt alles Übel von ihr herrühren? Soll man nicht alles bei der Art der Väter bewenden lassen?»

Pferinger erhob sich, dass sein Stuhl nach hinten flog, und ging mit wütenden Schritten herum wie ein gefangener Wolfshund. Er kam zum Ofen, und Marie stockte der Atem.

Er wird mich finden, dachte sie, und im selben Moment entstand ein Bild vor ihren Augen: Ursula und sie sind an einen Baum gebunden. Dieser Baum trägt jedoch keine Blätter mehr, keine Äste, ist nur ein Stamm, sonst nichts. Die Äste sind ihm abgeschlagen worden und liegen zu Ursulas und ihren Füßen: Ein Scheiterhaufen ist es, und Ursula und sie sind an den Marterpfahl in seiner Mitte gefesselt. Und jetzt sind da Leute, die zünden die Äste zu ihren Füßen an: Prasselnd schlägt ihnen das Feuer sofort bis zu den Gesichtern hinauf. Sie schreit um Hilfe, und Ursula weint. Aber niemand hört sie, niemand kommt, sie zu befreien.

Wir müssen fort aus dieser Stadt!, fuhr es Marie durch den Kopf. Die Stadt ist ein unbarmherziges Pflaster geworden. Der Pferinger ist ja durch und durch kalt wie ein Fisch aus der Eger im Winter.

Pferinger drehte sich und stellte sich mit dem Rücken gegen den Ofen, denn es fror ihn.

«Die Art der Väter!», empörte er sich näselnd. «Hätten unsere Väter es nicht anders gemacht als die ihren, so würden wir noch heute den Antichrist in Rom anbeten und ihm Steuern und Abgaben zahlen, dass er noch fetter würde, als er es schon ist. Einen Mut zu neuen Wegen muss man haben, und wie wir heute hier versammelt sind, werden wir Zeichen setzen, die die Zeit überdauern.»

Unentschlossen gab der Tuchmacher Welsch zu bedenken, dass man es nicht überstürzen solle. Denn ein Irrtum in diesen Dingen könne dem Ansehen der Stadt leicht schaden, und was derlei für das Handwerk und die Blüte Nördlingens bedeute, brauche er nicht erst lang zu erzählen.

«Ein Irrtum?» Pferinger lachte vom Ofen her ein trockenes näselndes Lachen. «Ich habe diesen Punkt wohl bedacht und zu diesem Zweck eine ganz und gar hoch- und scharfsinnige Person aus Tübingen kommen lassen. Wir wollen ihn hören!»

Die Tür flog auf, und Marie erkannte schon am Begrüßungswort die helle Stimme des bleichgesichtigen Doktor Graf, und die Angst wuchs in ihr noch einmal so groß.

Der junge Doktor katzbuckelte gegen Pferinger, Marie hörte seine unterwürfigen Worte. Dann begann er über verschiedene Artikel der Peinlichen Halsgerichtsordnung zu dozieren, insbesondere über die Folter, die als Mittel zum Geständnis gerecht sei und festen Regeln unterliege. Auf das Geständnis allein jedoch käme es an. Abschließend ging er auf den Artikel 61 ein und erklärte ihnen, dass Richter und Ankläger nicht bestraft würden, wenn sie die Angeklagte mit ordentlichen Fragen und rechtmäßiger Folter zu keinem Geständnis brächten.

Pferinger dankte dem jungen Doktor für sein Bemühen und wandte sich dann wieder den Ratsherren zu. Die hatten so viel verstanden, dass ihnen auch im ungünstigsten Fall kein Nachteil aus einem Irrtum entstehen könnte. Ihnen persönlich als Ratsherren sowie ihren Geschäften, dem Handel oder dem Gastgewerbe.

Der Tuchhändler Jörg meldete sich zu Wort und sagte: «Mir ist im ganzen Kopf hell und klar geworden von der Rechtsunterweisung. Aus dieser größeren Klarheit kann nur ein größerer Ruhm der Stadt erwachsen. So viel ist sicher. Der größere Ruhm aber wird dem Handel nicht abträglich sein. Und darauf allein kommt es an.»

Und der Tuchmacher Welsch mahlte zwischen seinen Backen die Worte hervor: «Ein Mühlstein der Verdammnis ist Hexerei, das ist wahr.»

Und der Ratsherr Herlin fügte mit seiner heiseren Stimme hinzu: «Mich dürstet nach einer Tat, so wie wir den leiblichen Schlund ...»

«Dann wollen wir jetzt zur Tat schreiten», unterbrach ihn Pferinger und wollte sich erheben.

«Noch bin ich der federführende Bürgermeister in allen Belangen», sagte Johann Bosch. Bei sich dachte er, dieser Schuhmachersohn wird sich seine Hörner noch abstoßen müssen in unserem Geschäft. Was bildet er sich ein, dass das Heil der Stadt allein von ihm abhängen soll! Aber zu sagen wusste er weiter nichts.

«Scharfsinn besitzt der Rat zusammen wohl genug, um nichts zu übereilen», antwortete ihm Pferinger. «Zunächst einmal wollen wir die für die Stadt so bedeutsame Hochzeit des neuen Magisters feiern, ohne dass der Schatten einer Verhaftung darüber liegen soll. Alles zum Wohle unserer Stadt!»

Pferinger erhob jetzt zum ersten Mal sein Glas. Die anderen taten es ihm nach.

«Alles zur vollständigen Ausräucherung des Übels in unseren Mauern», sagte Pferinger.

Sie tranken.

«Alles zum Wohle unserer Stadt und der Blüte ihres weit berühmten Handels!», sagte der Tuchhändler Jörg. Und sie tranken.

«Alles für ein ruhmreiches Regiment unseres Rates und seines Bürgermeisters!», erhob sich die heisere Stimme des Ratsherrn Herlin. Und sie tranken.

«Alles –» begann der Tuchmacher Welsch und suchte nach Worten.

«Lass es gut sein», lachten die anderen, klirrten mit ihren Gläsern und tranken.

Entdeckung Pferinger forderte die Ratsherren auf, sich gemeinsam zum festlichen Bankett zu begeben, das auf sie wartete.

Die Herren entfernten sich.

Da wand sich Marie hinter den Holzscheiten hervor und wollte nach all dem, was sie gehört hatte, ihren Augen nicht trauen: Durch alle Fenster drängte helles Licht, als sei es ein Tag wie jeder andere. «Und das ist nicht wahr», sagte Marie zu sich.

Sie schüttelte und streckte sich, um die Gelenkigkeit ihrer Glieder wiederzugewinnen. Dann lief sie vorsichtig schnell zu jener Nische zurück, in der sie ihren Korb abgestellt hatte. Sie fand ihn auch und verlor keine Zeit, sich den Rock überzubinden. Gerade hielt sie die Schürze in der Hand – da hörte sie einen schleppenden Schritt, ein Prusten und Niesen hinter sich. Marie wollte fort, sah sich schon, wie sie unter peinlichem Verhör alles gestehen müsste, und wusste in ihrer Angst nicht, wohin.

«Was tust du da?», fuhr sie ein baumlanger Kerl an, und Marie erkannte an seiner Stimme, dass es der Ratsdiener war, der sich heute in aller Frühe vor dem Ofen abgemüht hatte.

«Weißt du denn nicht, dass heute das Rathaus den Ratsherren gehört, die es brauchen, um darin zu reden und zu essen? Jeder andere, den ich hier finde, kommt an den Pranger oder wird ausgepeitscht!»

Marie starrte in sein erzürntes Gesicht und brachte kein Wort über die Lippen.

«Was du hier tust?», herrschte er sie an. «Du kommst mit. Dir gehört der Pranger!» Er packte Marie am Arm und wollte sie mit sich fortziehen.

«Erbarmen, gnädigster Herr», stammelte Marie, «Erbarmen!»

Der baumlange Kerl ließ augenblicklich ihren Arm los, aber nur um sich vor ihr aufzurichten und noch heftiger zu brüllen: «So hast du also etwas zu verbergen, wenn du ein Erbarmen von mir willst! Erbarmen gibt es nur für Bösewichter, Lügner und Tagstreicher! Aber ich bin so einer nicht, der schwach wird vor Weiberröcken und Gnade vor Recht ergehen lässt. Und jetzt kommst du mit!» Wieder fasste er hart Maries Arm.

«Gnädiger Herr», sagte Marie, «Ihr tut mir Unrecht,

und ich kann es erklären!» Denn ihr war plötzlich ein Einfall gekommen, der sie aus der Situation retten könnte.

«Ich bin die Magd von der Sternwirtschaft und geschickt, um die Herren beim Bankett zu bedienen und in der Küche nützlich zu sein. Denn da ist eine andere Magd krank geworden, sodass mich die Wirtin erst um die Mittagszeit hierher geschickt hat. Und jetzt bin ich hier, seht: in meinem Korb die Schürze! Ich weiß aber den Weg nicht und habe mich im großen Haus verirrt!»

Der Ratsdiener riss ihr das Tuch vom Korb, und als er nichts als die Schürze darunter fand, nieste er missmutig.

«Wenn du nur nicht lügst in deinem Hals, verdammte kleine Kröte, aber das wird dir schlecht bekommen. Und nun folge mir!»

Marie hob das Tuch vom Boden auf und ging ihm nach. Er führte sie in die große Küche, wo alles in Aufregung umeinander wuselte. Mittendrin die Köchin, die die Leitung der Festlichkeiten übernommen hatte. Sie stak bis zu den Ellenbogen in einem butterglänzenden Hefeteig und schaute sich unwillig um. O weh, dachte Marie, das ist eine bärbeißige Frau, die mich nicht gut ansehen wird.

«Hier hab ich ein Vögelchen aufgetrieben, das Euch sucht», sprach sie der Ratsdiener an. «Es hat sich schon im ganzen Haus herumgetrieben und wer weiß was alles gesehen und gehört.»

«Wer bist du?», fragte die Köchin unwirsch.

«Ich bin Marie, die Magd aus der Sternwirtschaft in der Höll. Meine Wirtin hat mich heute Mittag geschickt, weil sie sagt, es sei eine andere krank geworden, für die sollt ich kommen.»

«Eine kranke Magd? Was weiß ich.» Die Köchin ließ nicht ab von ihrem Teig, den sie jetzt knetete und schlug, bis er unter ihren feisten Fingern zu einer kleinen prallen Kugel geriet. Sie bestäubte ihn mit Roggenmehl und ließ dann von ihm ab.

«Die Margareth aus der ‹Sonne› hab ich noch nicht gesehen», sagte die Köchin. Dann rief sie laut: «Margareth!»

Marie wollte fast das Herz stehen bleiben. Wenn jetzt eine käme, dann half kein Lügen mehr.

Aber alles lief hin und her und hörte die Köchin nicht.

«Soll sie bleiben», entschied die, «es fehlt in jedem Fall noch an zwei flinken Beinen.»

Marie spürte, wie die langen Finger des Ratsdieners den eisenharten Druck um ihren Arm lockerten, und eilig nutzte sie ihre kleine Freiheit, um die Schürze aus dem Korb zu nehmen und sie sich umzubinden. Der Ratsdiener verschwand.

«Was soll ich tun?», fragte Marie, die dem strengen Blick der Köchin so schnell wie möglich entkommen wollte.

«Da wende dich an Marthe und frag, was es jetzt aufzutragen gibt», befahl die Köchin, die sich neuen Schüsseln zuwandte.

Marie fand Marthe, eine ältliche, dürre Magd, vor der Anrichte. Doch blieb ihr keine Zeit zum Staunen und Gucken.

«Die Herren sind beim Huhn, trag ihnen die gerösteten Hahnenkämmchen hinauf und vergiss nicht, die Speisen von rechts, das Gesöff aber von der anderen Seite zu reichen!», sagte Marthe eilig, die gerade dabei war, einem in Pilzen und Kräutern gedünsteten Kalbskopf ein Kräutersträußchen ins Maul zu legen.

Marie nahm die Platten und trug sie in der Richtung, die ihr Marthe mit der Hand wies, aus der Küche hinaus.

Sie fand die Herren bei bester Laune, lachend und schwatzend. Zwei erhitzten sich über die Güte des Schinkens: in Wacholder geräuchert oder im Innern noch rosa. Der lispelnde Herlin verlangte grölend nach einem Lied. Pferinger, mit seinem kalten Gesicht am Kopf der Tafel, überblickte sie alle. Kerzen in verschwenderischer Anzahl erhellten die üppige Tafel, während sich vor den Fenstern ein dunkler, grauer Himmel über die Stadt senkte. Die Herren hatten sich schon durch Berge von Waffeln, Pasteten und Schinken hindurchgearbeitet und sich dazu mit hellem Frankenwein gleich kannenweise verwöhnt.

Ich weiß etwas von Euch, das wisst Ihr nicht, dachte Marie, und das gab ihr eine Sicherheit, auf den Tisch zuzugehen und den Herren die Speisen mit ruhigen Händen zu präsentieren. Sie brachte ihnen nacheinander, woran die bärbeißige Köchin ein Gutteil ihres Wissens und ihrer Erfahrung verwandt hatte: Hahnenkämme geröstet, Hühnerbrüste, in Wein gegart, den Kalbskopf, der geduldig Marthes Kräutersträußchen fraß, und hellen Fisch: Renke, frisch geräuchert vom Ammer- oder Bodensee.

«Bei Gott», hörte Marie den Tuchhändler Welsch aus dem Stimmengewirr heraus, während sie mit dem Fisch herumging, «er ist mir zu hitzig, dieser Pferinger!»

«Ich habe Vertrauen», antwortete ihm einer, in dem Marie Caspars Vater erkannte. «Er ist ein hellsichtiger

Kopf», fuhr der Stadtschreiber fort, «wie unsere Stadt keinen zweiten hat, und das wird unserer Stadt nicht schlecht zu Gesicht stehen: berühmt werden im Kampf gegen die dunklen Mächte dieser Zeit. Einen Damm werden wir aufrichten gegen diese Unholdinnen, der höher ist als jede Festung, wenn wir ihn *alle* wollen!»

Der Stadtschreiber wuchs mit jedem seiner wohlgesetzten Worte ein Stück höher und trank sein Glas auf einen Zug leer, ehe er anfügte: «Und sind die Hexen nicht auch gerade dem Handel abträglich? Können sie die Geschäfte des Händlers nicht missraten lassen, dass er bettelarm davon wird? Ist alles schon da gewesen!

«Ein Vertrauen ist gut», antwortete ihm der Tuchhändler Welsch, «aber ein Handel, der endlich einmal über Böhmen und die Schweiz hinausführt, wohl noch besser! Trinken wir auf Nördlingens Tuch», rief der Tuchhändler und erhob sein Glas, «Nördlingens Tuch, das ich ohne Zögern einmal das Gold an der Eger nennen möchte!»

Die anderen, die den Trinkspruch in dieser Situation für völlig unangebracht hielten, blieben mit ihren Fingern lieber auf ihren Tellern, als nach ihren Gläsern zu greifen.

«Einen hellsichtigen Klee sollt man Euch unter die Erbsen mischen», ließ sich der Stadtschreiber noch einmal hören, «dass Ihr die Gefahr besser zu sehen versteht.»

«Weibergewäsch», lispelte der Gastgeb Herlin mit weinschwerer Zunge, «überhaupt fehlt es an richtigen Weibern bei dieser Tafel: Überhaupt, was ist mit der Frauengasse, Pferinger?»

Marie ging mit einer Platte, auf der Krebsschwänze angerichtet wären, von einem zum anderen.

«Gott bewahre mich vor so viel biederem Unverstand», hörte sie Pferinger zu seinem Nachbarn, dem bleichgesichtigen Doktor Graf, leise sagen. Der nickte zustimmend.

Dann erhob sich Pferinger und begann: «Da wir allesamt fromme, ehrbare, verständige und erfahrene Personen sind, soll es uns gelingen, der gerechten Gerechtigkeit zum Ehrenplatz in unserer Stadt zu verhelfen. Waren früher wohl die meisten peinlichen Gerichte mit Personen, die unser Kaiserliches Recht nie richtig gelehrt oder erfahren haben, besetzt, so werden wir das von Grund auf erneuern. Wir haben in unserer Mitte die gelehrtesten Personen. Wie überhaupt die Wissenschaft in unserer Stadt einen ganz neuen Aufschwung nehmen soll. Darum freuen wir uns über die Verheiratung einer reichen, ansehnlichen Tochter unserer Stadt mit einem Magister Artium von der Universität, der auf unserer Lateinschule zum Besten der Stadt wirken wird. So werden wir den Reichtum Nördlingens vergrößern. Ein neuer, mächtiger Kornspeicher soll in Nördlingen entstehen, und ich selber will das Gebäude konstruieren und damit beweisen, dass alle anderen Unrecht haben, die behaupten, am Alten Graben sei der Boden zu unsicher und weich für einen Neubau.»

«Jetzt ist er ja glücklich wieder bei seiner Schranne angelangt», lispelte der besoffene Herlin und trank.

«Ich sag es ja, er ist etwas größenwahnsinnig», murmelte der Tuchhändler Jörg in seinen Bart.

«Nach höchstem Ruhm und Ehre steht uns der Sinn», fuhr Pferinger ungerührt fort, «aber wir dürfen an dem abscheulichen Abgrund nicht vorbeisehen. Nehmen wir den Kampf gegen die Unholdinnen, Teufelsbuhlen und Nachtschwärmer heute auf! Damit Tag sei für unser Werk!»

Pferinger war durch seine eigenen Worte in Wut geraten und fuhr immer heftiger mit beiden Armen in der Luft umher. Nicht weit hinter ihm stand Marie.

«Und eine Ursula Haider», rief er, «samt dieser jungen Teufelsbuhlin, die sie ständig um sich herum hat, wird uns nicht daran hindern ...»

Da glitt Marie die große silberne Platte aus den Händen – oder war Pferinger mit seinem weit ausholenden Arm dagegengestoßen? – und schlug krachend auf dem Boden auf. Die Krebsschwänze spritzten in alle Richtungen.

Alle erhoben sich lärmend und fluchend. Einige der Herren pulten sich Krebsschwänze aus Rockaufschlägen und Hosenfalten. Pferinger verfluchte den Rückwärtsgang der Krebse und nahm ihn sofort als Vergleich für Ausführungen, die niemand mehr hören wollte.

Marie hatte die Hände vors Gesicht geschlagen, starr vor Schreck. Schließlich schob sie jemand zurück in die Küche, wo sie von der bärbeißigen Köchin mit Schlägen und Backpfeifen traktiert wurde, dass ihr Hören und Sehen vergehen wollte. Endlich ließ die Köchin von ihr ab, denn sie brauchte ihre Hände für neue Aufgaben.

Und Marie entfloh.

Die seltsame Nacht in Goldburghausen

Marie war der Rücken ganz zerschrammt, denn die bärbeißige Köchin hatte ihren hölzernen Löffel nicht schlecht auf ihm tanzen lassen. Sie sagte aber niemandem etwas, biss die Zähne zusammen und tat ihre Arbeit wie immer. Nur Ursula hatte sie alles erzählt. Die kam des Abends und Morgens zu ihr in die Kammer und rieb ihr die schmerzenden Stellen mit einem wohlriechenden Balsam ein. So waren wohl vier Tage vergangen, da sagte Marie frühmorgens zu Ursula: «Heute brauchst du mir den Rücken nicht mehr einzureiben, die schlimmsten Schmerzen sind vorüber.»

«Das ist gut, dass du wieder wohlauf bist», meinte Ursula. «Denn heute wollen wir nach Goldburghausen gehen und Rat holen bei der Vogelbäurin.»

Eine halbe Stunde darauf passierten Marie und Ursula das Baldinger Tor. Nach einer guten Weile, die sie schweigend nebeneinander hergegangen waren, verließen sie die Straße nach Bopfingen und wandten sich nach Norden. Sie folgten dem Weg durch sanfte Hügel, an tauglitzernden Wiesen entlang; in der herbstlich weißen Sonne blökten faul die Kühe, denn der Tag des letzten Viehaustriebs war noch nicht gekommen.

«Wie schön es hier ist», sagte Marie, «frei wie ein Vogel möcht ich singen.»

«Aber der Wind kommt aus Westen», antwortete Ursula, «und das ist Regenwind. Bald werden wir weinen, warme Bäche von Tränen.»

«Ursula, hör zu», sagte Marie, «wir müssen fort aus der Stadt. Wir müssen fliehen. Es gibt keinen anderen Weg mehr.»

«Ich will nicht», widersprach Ursula.

«Es geht um dein Leben», drängte Marie weiter, «die Herren sind ohne Erbarmen. Ich habe den Pferinger reden hören. Der ist inwendig so kalt, dass ihn kein Ofen wärmen kann. Er ist ohne Erbarmen, denn es geht ihm nur um sich selbst und seinen Namen. Wir müssen aus der Stadt fliehen, Ursula.»

«Ich will nicht», wiederholte Ursula. «Ich bin ohne Falsch und will nicht durch meine Flucht eine Schuld eingestehen, die ich nicht gestehen will.»

«Ursula, du verstehst es nicht», sagte Marie ungeduldig. «Überall schon brennen sie die Hexen. Der Pferinger hat es selbst gesagt. Sie haben den jungen Doktor geholt, der alle Gesetze der Folter kennt. Deine Haut ist zart, und deine Gelenke sind müde. Du kannst der peinlichen Befragung nicht widerstehen. Heute können wir noch ohne Gefahr aus der Stadt und woanders ein neues Leben beginnen, ohne Angst. Aber was wird morgen sein?»

«Du verstehst es nicht richtig», entgegnete Ursula. «Wenn eine Schuld an mir ist, dann muss sie herausgebracht werden, dass ich frei werde von ihr. Und wenn es sein soll, so muss ich durch die Pein der Folter gehen, einem reinen Herzen tut nichts weh.»

«Du hast sie nicht gehört, Ursula, aber ich habe ihre Dummheit und ihren Scharfsinn gesehen. Diese Herren sind zu allem entschlossen.»

«Ich kann nicht leben, Marie, solange mein Papperlinsknecht Ursache hat, mich zu quälen nach seinem Belieben. Das schmerzt mich im Körper, dass ich ganz kalt davon werde und innen wie von tausend Nattern gezwickt werde. Hier in dieser Stadt muss sich meine Schuld erweisen. Hier kann sie es nur. Aber du kannst gehen, Marie, und dein Leben in deine Hand nehmen.»

«Allein?» Marie hielt mit einem heftigen Ruck in ihrem Schritt inne. «Allein? Ich lass dich nicht allein in dieser Gefahr, Ursula. So wie ich nicht allein war in meiner Traurigkeit, als mich meine Freundinnen verlassen hatten. Du bist die Einzige, die mich lieb hat und meinen Rücken mit Balsam einreibt, wenn er zerschrammt ist, und mir Geschichten erzählt, wenn ich traurig bin. Ich will bei dir bleiben in der Gefahr.»

Ursula sah Marie zärtlich an. «Du bist die Einzige, die mich lieb hat, Marie, und die mich nicht allein lässt in der Gefahr. Du darfst mich nicht verlassen, Marie. Ich brauch eine, die mich zärtlich ansieht und mir freundlich die Hand gibt. Auch wenn ich oft verwirrt und ratlos bin in meinem Sinn. Du darfst mich nicht verlassen.»

«Ich geh nicht ohne dich fort und will dich beschützen, soweit es in meinen Kräften steht.»

«Wir wollen die Vogelbäurin um Rat fragen», sagte

Ursula. «Sie ist weise und wird uns das Richtige sagen können.» Sie nahm Marie bei der Hand und zog sie mit sich fort. Aber Marie war traurig, weil sie Ursula so unvernünftig fand.

Sie kamen in Goldburghausen an, da hatte die Sonne ihren höchsten Stand schon überschritten. Ursula ging zielstrebig an dem stattlichen Hof des Bauern Vogelgesang vorbei, denn hier sollte die Vogelbäurin heute nicht zu treffen sein. Am Dorfausgang fand Ursula einen Weg, der sie über Wiesen und durch ein kleines Wäldchen zu einem einzeln stehenden Haus führte, das Marie vorher noch nie gesehen hatte.

Sie traten ein, und Marie fand sich zu ihrem großen Erstaunen in einem über und über in rötliches Licht getauchten Raum wieder. Sie drehte sich um und sah, dass vor die einfachen Holzfensterkreuze Mengen von rotem, lichtdurchlässigem Tuch gehängt worden waren. Das beruhigte sie. Noch mehr erstaunt aber war sie, als sie sich umwandte und im selben Raum nicht nur eine alte rotwangige Frau in einem prächtig geschnitzten und bemalten Stuhl vor sich fand, sondern auch noch die alte Nussartin und die Marbin aus Nördlingen. Dazu noch eine andere, jüngere Frau, die sie nicht kannte.

Doch Marie blieb keine Zeit zum Staunen. Die Vogelbäurin in ihrem prächtigen Stuhl rief Ursula zu sich heran und sagte mit einer fröhlichen, rauen Stimme: «Bringt das Gesöff und den Wein herein, Kinder, unsere Gäste sind da!»

Wie kommen sie hierher?, wunderte sich Marie. Wie konnten sie von unserem Kommen wissen? Es hat sich doch erst im letzten Augenblick gezeigt, dass mir mein Rücken nicht mehr wehtat und wir heute gehen konnten. Und warum nennt die Vogelbäurin die Nussartin, die wohl noch älter ist als sie, ‹Kind›? Was haben sie vorbereitet? Marie war alles nicht geheuer, und sie nahm sich vor, in der Nähe der Tür stehen zu bleiben und von dem angebotenen Gesöff nichts zu nehmen.

Die Frauen kamen mit verschiedenen Getränken, dazu Waffeln und Gebäck, wieder herein. Sie langten alle fröhlich zu, und nach einer Weile tat es Marie wie die anderen, denn sie hatte durch den langen Weg Hunger und Durst bekommen.

«Erzähle», forderte die Vogelbäurin Ursula auf, «wir sind hier, um dir zuzuhören!»

Und Ursula erzählte ihre lange Geschichte, die mit ihrem missratenen Freund und Papperlinsknecht begann.

Die Vogelbäurin saß bewegungslos und hörte zu. Und da fand Marie, dass sie eine Art hatte zuzuhören, die alle, die anwesend waren, in den Strudel der Worte Ursulas mit hineinriss. Ursula sagte später, ihr seien die Worte wie von selbst von den Lippen gefallen. Sie beendete ihre Geschichte mit dem Tag, an dem Marie von der bärbeißigen Köchin die Prügel bezogen hatte.

Dann war es lange still. Marie vermochte nicht zu sagen, wie lange Ursula geredet hatte. Sie merkte nur ganz verwundert, dass in der Zwischenzeit das Getränk in den Kannen zur Neige gegangen war. Marie blickte sich um und sah, dass es Nacht geworden war.

«Ursula», durchbrach Marie als Erste das Schweigen, «es ist Nacht, und wir kommen nicht mehr nach Hause zurück.»

«Das ist nicht schlimm, mein Kind», antwortete die Vogelbäurin mit einer Stimme, die Marie sofort beruhigte. «Es wird euch niemand suchen in Nördlingen. Und ihr könnt ruhig schlafen und morgen in aller Frühe zurückgehen. Aber wir wollen ein Licht anzünden, dass wir einander sehen können.»

Es wurden verschiedene Kerzen entzündet, in deren Licht Marie jetzt sah, dass die alte Nussartin über der langen Erzählung fast eingeschlafen war, während die dunklen Augen der Marbin beunruhigt von einem zum anderen blickten. Die junge Frau lächelte Marie freundlich zu. Marie sah erst jetzt, dass sie eine hässlich vernarbte Stelle unter dem Mund hatte, und wunderte sich, warum sie diese Frau dennoch so außerordentlich schön fand.

«Apollonia», sagte die Vogelbäurin jetzt, «bring uns noch etwas von unserem Gebräu. Wir wollen nicht traurig sein heute.»

Da stand diese Frau auf und holte, wonach die Vogelbäurin verlangt hatte. Wiederum tranken alle, und zwar nicht wenig.

«Wir haben deine Geschichte gehört, Ursula», begann die Vogelbäurin, «und wissen, wie es um dich steht. Ich weiß, wie dir zumute ist.» Dabei nahm sie Ursulas Hand in die ihre. «Aber was können wir tun? Es ist nicht viel, was wir tun können, Ursula. Wir wollen Vertrauen haben.»

Ursula lächelte und nickte.

«Aber ich denke, etwas können wir doch tun. Ich habe da die verschiedensten Dinge, die kräftigsten und seltensten Mittel, die wir zu einem Amulett zusammentun wollen. Das sollst du tragen, Ursula, und so gegen die Anfechtungen des Bösen geschützt sein. Dass dein verhasster Papperlinsknecht von dir ablässt, aber die guten Geister dich nicht verlassen mögen, das ist mein Wunsch.»

Die Vogelbäurin erhob sich, verließ das Zimmer und blieb lange fort. Ursula saß da, ganz gelöst, mit weinroten Wangen, und blinzelte zu Marie hinüber.

Marie freute sich. «Ich glaube, so fröhlich wie heute habe ich dich nie gesehen, seit ich dich kenne, Ursula», sagte sie.

«Das mag sein, Marie», antwortete Ursula, «heute ist ein besonderer Tag. Es wird alles gut.» Sie erhoben miteinander ihre Krüge und tranken.

Endlich kam die Vogelbäurin zurück. Sie trug ein kleines ledernes Säckchen, um das sie geheimnisvoll die Hände gelegt hatte.

«Es sind die stärksten Mittel darin, die ich kenne, Ursula», sagte sie, «sie sollen dir helfen. Nur eines fehlt noch dabei, das müsst ihr selber besorgen. Das ist die Alraunwurzel, wie man sie nur im Zeichen des Orion, bevor dieser vor dem Skorpion flieht, bei Vollmond finden kann. Das aber ist in wenigen Tagen, und ihr könnt die Wurzel ohne großes Aufheben dazutun.»

Dann sprach sie wunderschöne Worte, die klangen in Maries Ohren wie ein Gebet, jedenfalls faltete sie die Hände.

«Herrlich sprossend Reis! Da die Zeit kam, da du in deinen Zweigen blühen solltest, klinge dir Gruß und Gruß entgegen, weil Sonnenglut wie Balsamgeruch in dir kochte. Denn in dir blühte die Wunderlampe empor, die allen Gewürzen Duft gab, allen, die vertrocknet waren.

Und alle erschienen nun in voller Blüte. Darum ließen die Himmel Tau über das Gras sprühen, und die ganze Erde ward froh, weil ihr Eingeweide Korn hervorbrachte und weil die Vögel des Himmels auf ihr ihre Nester hatten. Und den Menschen ward Speise gegeben und den Speisenden große Freude. Und darum, süße Jungfrau, hört in dir die Freude nimmer auf. Darum sei Preis dem Allerhöchsten.»

Die Vogelbäurin hatte geendet. Da wurden alle sehr müde und betteten sich zwischen Kissen und Fellen, so gut es ging. Marie schloss die Augen und fühlte im selben Moment ihren Leib, der ihr vom Getränk feurig heiß geworden zu sein schien, sich leicht erheben wie eine Feder und fühlte ihren federleichten Leib wie auf großen Händen durch die Luft gehoben und dann geschaukelt und gewiegt. Sie fand das Schaukeln wunderschön und wollte am liebsten, dass es nie aufhörte. Sie genoss es mit geschlossenen Augen, und als sie sie öffnete, sah sie die anderen aus dem Haus: die alte Vogelbäurin, die alte Nussartin, Ursula, die Marbin, die junge, schöne Apollonia, ebenfalls in diesen großen Händen sitzen und sich schaukeln. Alle hatten sie ihre Augen vor Vergnügen geschlossen und glucksten und kicherten, weil es sie in den Bäuchen kitzelte. Da musste Marie laut herauslachen, und durch ihr Lachen öffneten die anderen die Augen und lachten jetzt auch. Sie fassten sich an den Händen und ließen sich noch ein Weilchen schaukeln, bis Ursula sagte: «Ich hab einen Hunger, Vogelbäurin, lass uns einkehren.»

«Gut, wir wollen uns stärken», antwortete diese.

Und dann ließen sie sich eine nach der anderen über

den Rand ihrer großen Schaukel hinab und fuhren mit ihren federleichten Leibern durch die Luft unter eine Eberesche, wo neben einem Feuer eine prächtige Tafel für sie vorbereitet war. Marie tat es den anderen nach: Sie fragte nicht lange, sondern setzte sich und aß von den herrlichsten Sachen: Rehrücken, Pfannkuchen, fette Wachteln und magere Kapaune, süße Creme und schweren Wein. Sie aßen, bis sie ganz glücklich davon waren, und tranken den schweren Wein, der ihre Wangen erhitzte und ihre Stimmen löste. Da sangen sie miteinander und schlugen mit ihren Fingern den Takt auf dem Boden, und Marie schlug zwei abgenagte Knöchelchen gegeneinander, das war ihre Trommel. So sangen sie miteinander, bis die schöne junge Apollonia sagte: «Wir wollen miteinander im Himmelswagen fahren.» Und wieder erhoben sie sich mit ihren federleichten Leibern hoch in den Himmel, und Marie fasste die schöne Apollonia an der Hand, denn die musste wissen, wohin es jetzt ging.

Sie erhoben sich hoch, immer höher, und Marie sah nichts mehr von der Erde unter sich. Sie fuhren durch die Lüfte, bis sie an einen Wagen kamen, der ganz aus Sternen bestand. Da stiegen sie hinein, hinten kuschelten sich die Vogelbäurin, die alte Nussartin und Ursula aneinander, vorn setzten sich die Marbin, die schöne Apollonia und neben sie Marie.

«Dieser Wagen ist sonst ein gemütlicher alter Bär», erzählte Apollonia, «aber wir sind im Weinmonat, und da soll er uns einmal als Wagen dienen.»

Apollonia ergriff die Zügel und schnalzte mit der Zunge wie ein alter Kutscher. Die Fahrt begann. Marie konnte nicht sehen, wer sie eigentlich zog. Der Wagen war in seinen Ausmaßen so riesig, dass sie vorn gerade noch das Ende der Deichsel sehen konnte. Der Fahrtwind wollte ihr den Atem rauben, löste nach und nach ihre Haare aus den Zöpfen, kitzelte sie auf der Haut, und Marie lachte. Es ging durch Wolken, durch verschiedene Haufen kalt glitzernder Sterne, durch ein Eisloch wohl, aber auch durch größte Wärme. Marie sah Sterne in Feuer aufgehen, andere langsam verglühen. Es war ihr heiß und kalt auf einmal, am liebsten hätte sie vorn und hinten Augen gehabt, um alles gleichzeitig sehen zu können.

Es mochte wohl eine ganze Weile so gegangen sein, da stieß sie Apollonia neben ihr an und sagte: «Dreh dich einmal um!» Auf dem Rücksitz schnarchten die drei Alten. Marie musste lachen.

«Wir müssen umkehren», sagte Apollonia, «denn es will Morgen werden.»

Sie griff in die Zügel und schnalzte wiederum mit der Zunge. Im selben Augenblick waren sie dort, von wo sie ausgegangen waren, verließen eine nach der anderen den Wagen, und Marie fühlte sich gar nicht mehr sanft gleiten, sondern fallen, fiel hart auf ihr Lager.

Sie öffnete die Augen und fand im ersten zaghaften Licht eines kühlen Morgens die anderen in der Stube schlafen, so wie sie sich am Abend zuvor hingelegt hatten. Marie rieb sich die Augen. Dann stand sie auf und ging zu Ursula.

«Komm, Ursula, es ist früh am Morgen, und wir haben einen weiten Weg zurück in die Stadt.»

Ursula war augenblicklich wach, stand auf und ging

mit Marie davon. In der Hand trug sie das Amulett, vorsichtig wie einen besonderen Schatz.

Die Zaunreiterin

Marie fragte nicht lange, als Ursula sie bat: «Geh und hol du die Alraunwurzel für mein Amulett, ich habe Angst. Wenn man mich sieht, ist alles zu spät. Morgen Nacht ist die richtige Zeit.»

Sie antwortete: «Morgen an Allerseelen muss ich nicht in der Höll arbeiten, da wird mich niemand vermissen. So will ich es gern für dich tun.»

Am nächsten Abend legte Marie in einen kleinen Korb verschiedene Tücher und Wergflocken, die sie zuvor viele Male in Wachs getaucht hatte. Die brauchte sie, wenn sie die Alraunwurzel aus der Erde ziehen wollte. Denn die Alraune sollte dabei so jämmerlich schreien, dass, wer es hörte, davon taub werden oder sogar sterben konnte.

Zwischen den Gärten traf sie auf Caspar, der dort wie immer, wenn er sich nichts Besseres wusste, nach seltenen Kräutern suchte. Nachdem er gehört hatte, wozu Marie unterwegs war, ließ er sich unter keinen Umständen davon abhalten, sie zu begleiten. Marie willigte widerstrebend ein.

Im Licht des hellen Mondes brauchten sie nicht lange zu suchen. Unter einem verwitterten Bäumchen fanden sie eine breitblättrige, einzeln stehende Pflanze. Das war die Alraune, die sie suchten. Jetzt mussten sie nur auf die richtige Stunde warten.

Marie setzte sich rittlings auf einen Zaun. Sie ließ ihren weiten Rock vom Wind bauschen und lachte.

«Ein Bein hüben, ein Bein drüben», sang sie, «mit einem Bein im Leben, mit dem anderen im Tod. Das sind die beiden Beine, die mir gehören.»

«Hör auf mit dem Singen», sagte Caspar.

«Auf der einen Seite ein wunderschöner Garten», spann Marie ihre Gedanken fort, «auf der anderen Seite alles Wildnis. Auf der einen sind die Apfelbäume geerntet, auf der anderen wächst nichts Bestimmtes. Aber auch die Alraune, nicht wahr, Caspar?»

«Hör auf mit dem Singen», wiederholte er, «du siehst, wie ich mich hier mühe.»

«Ich sehe es nicht», sagte Marie. «Womit mühst du dich?»

«Du kannst kommen und mir helfen, diesen Vogel hier festzuhalten. Denn er hält von selbst so schlecht still.»

«Was willst du mit dem Vogel, Caspar, was hast du vor?»

«Ich hab das Papiermesser von meinem Vater bei mir. Ich will versuchen, ihn zur Ader zu lassen.»

«Dabei helf ich dir nie und nimmer», erwiderte Marie. «Was hat der arme Vogel dir getan, dass du ihn so quälst?»

«Ich will ihn nicht quälen, du siehst doch, wie dick er ist. Er hat zu viel Blut in sich, ein Aderlass wird ihn erleichtern. Und einmal muss ich es ja lernen.»

«Ich helf dir nicht», sagte Marie wieder. «Du willst ein Doktor werden, nicht ich.» Und damit stieg sie vom Zaun hinunter und ging weg, denn sie wollte das traurige Piepsen und Flehen des kleinen Vogels nicht mit anhören. Im großen Bogen wanderte sie um die verwilderten Gärten herum und kam erst nach einer langen Weile wieder. Da fand sie Caspar weinend.

«Was ist, Caspar? Ist dir der Vogel davongeflogen?»

«Nein», schluchzte er, «er ist tot. Ich hab es nicht zustande gebracht, ich hab ihn erstochen, Marie! Und jetzt ist er tot.» Aus Caspars Augen fielen heiße Tränen.

«Dann grab ihm ein schönes Loch», sagte Marie, «das soll sein Grab sein. Dann kann sich der arme Vogel ausruhen von deinem täppischen Werk.»

Caspar tat, wie sie es ihm vorgeschlagen hatte. Über der Arbeit an dem Vogelgrab wurde er schließlich müde, legte sich unter den verwitterten Baum und schlief ein: Marie aber setzte sich wieder auf den Zaun, blieb hellwach und wartete. Der volle Mond hing weiß wie ein krankes Eidotter am Himmel. Endlich hörte Marie die zwölf Schläge einer Turmuhr und wusste, dass es jetzt Zeit war. Ohne sich umzublicken, stieg sie vorsichtig vom Zaun, verstopfte sich mit den Pfropfen aus Werg und Wachs sorgfältig die Ohren. Das tat sie doppelt und verband sich dann die beiden Ohren noch mit einem Tuch, das sie unter dem Kinn verknüpfte. Sie sah nach Caspar, fand ihn noch immer schlafend und ließ ihn so liegen.

Marie machte jetzt über der Alraune in der Luft dreimal das Zeichen des Kreuzes, dann kniete sie sich hin und begann, mit beiden Händen vorsichtig die Erde um die Wurzel zu lockern. Das dauerte lange, denn Marie durfte die Wurzel auf keinen Fall vorzeitig berühren. Sie würde nur umso furchtbarer schreien und damit alles verraten.

So grub Marie behutsam, Fingerbreit um Fingerbreit tiefer um die Wurzel herum. Der Rücken wollte ihr steif werden vom Knien und die Finger gefühllos von der Kälte.

Mitten in der tiefsten Nacht war es so weit. Marie hatte sich im Kreis so nah an die Wurzel herangearbeitet, dass es nur noch ein Geringes war, die Staude bei der Hand zu nehmen und die Wurzel mit einem Ruck herauszuziehen.

Sie erhob sich und klopfte sich die Erde von den Händen. Fast hätte ihr jetzt der Mut gefehlt, die geheimnisvolle Wurzel wirklich herauszuziehen. Sie sah auf Caspar und überlegte, ob sie ihn wecken sollte, sah die schmutzigen Rinnen, die die Tränen in seinem Gesicht hinterlassen hatten. Auf einmal war Marie sehr von Trotz gegen Caspar, gegen alle ergriffen. Kurz entschlossen drückte sie die Wergpfropfen tiefer in die Ohren, packte die Pflanze zwischen ihren breiten Blättern, schloss die Augen und zog sie mit einem schnellen Ruck heraus.

Lange stand Marie regungslos und wagte nicht, die Wurzel anzuschauen. Sie war auf das Schrecklichste gefasst. Wind war aufgekommen, trieb Wolken vor sich her. Zeitweise verdunkelten sie den Mond. Wenn der Wind aufhörte zu heulen, war es still, totenstill. Nachdem lange Zeit nichts anderes geschehen war und Marie überlegt hatte, ob sie ihrer beiden Arme und Beine noch mächtig sei, und alles in Ordnung fand, wandte sie langsam den Blick zu der großen Staude in ihrer Hand und sah daran etwas hell im Mondlicht schimmern.

Sie brach die Staude ab und hielt daraufhin ein kleines, helles Figürchen in der Hand, das Marie warm zu sein schien wie ein richtiger Körper, auch Arme und Beine hatte. Sie sah das Rätselwesen nicht länger an. Da sie glaubte, es würde frieren, wickelte sie es in ein Leinentuch und legte es in ihren Korb. Dazu legte sie das Tuch, das sie vom Kopf band, und die Pfropfen aus den Ohren. Dann wollte sie gehen.

In diesem Moment wachte Caspar auf.

«Marie!», rief er, lief ihr nach und hängte sich an ihren Arm: «Marie, ich hatte einen so schrecklichen Traum. Mir träumte, dass ich ein berühmter Doktor sei und zu einem Kranken gerufen würde. Aber an diesem Tag war ich ganz verwirrt und traf alles verkehrt. Und der Kranke schrie unter meinen Händen, ächzte und heulte und schrie so furchtbar, dass mir die Glieder stocksteif davon wurden. Und der Winter kam mit furchtbarer Kälte, draußen war alles gefroren, und da brachen mir alle meine Glieder ab, als wären sie Eiszapfen. Und nie mehr konnte ich mich rühren.»

«Das war ein böser Traum», sagte Marie, «du musst nach Hause gehen und in einem richtigen warmen Bett schlafen, dann hast du keine bösen Träume. In einer solch stürmischen Nacht soll niemand unter blattlosen Bäumen träumen. Und morgen lernst du wieder dein Latein, und einmal wirst du noch ein Doktor sein.»

Da fühlte sich Caspar getröstet und trollte sich davon. Aber Marie wusste, dass es die Alraune gewesen war in ihrem Schmerz, die Caspar in seinem Traum hatte schreien hören. Ganz in Gedanken lief sie im Mondschatten der Häuser und war zu Tode erschrocken, als jemand mit einer tiefen, kehligen Stimme ganz nah an ihrem Ohr sagte: «Ich hab die Zaunreiterin wohl gesehen!»

Marie spürte einen übel riechenden Atem im Nacken. Sie drehte den Kopf und blickte in das Gesicht des Nachtwächters, der unmittelbar vor ihr stand.

«Ich hab die Zaunreiterin wohl gesehen», wiederholte er.

Und Marie sah ihn grinsen und sah ein verrücktes Glitzern in seinen Augen. Da raffte sie ihren Rock und rannte davon mit einer Angst, die war heillos.

Ursula in Not

Es war in derselben Nacht. Ursula hatte im Haus der Hindenacherin das Abendläuten abgewartet und dann die beiden Kinder zu Bett gebracht. Die hatten sich gesträubt, als ahnten sie das Ungewöhnliche dieser Nacht.

«Draußen weint der Wind», hatten sie gesagt, «und

wir können nicht schlafen ohne unseren Stieglitz. Der ist gestohlen. Und wo ist unsere Mutter?»

Doch die Hindenacherin war fort, und Ursula war es nur mit Mühe gelungen, die Kinder zu beruhigen. Sie hatte schließlich dem dicken Schnuff befohlen, sich vor die Schwelle der Kammer zu legen, und damit waren die Kinder dann einverstanden gewesen.

Jetzt saß Ursula beim Herd und wartete auf Marie. In der Stube war es dunkel. Zum Warten lohnte es nicht, eines der teuren Kerzenlichte zu entzünden. Zudem schien ihr der Himmel heute ungewöhnlich klar. Durch die Fenster fiel mondhelles Licht auf den Boden, malte da seine absonderlichen, beweglichen Bilder.

Ursula wartete auf Schritte, aber sie hörte nur den Wind. Der strich lebhaft ums Haus. Was hatten die Kinder gesagt? Der Wind weint? Ursula hörte es jetzt auch. Es war etwas wie Weinen im Wind. Das machte aber nicht der Wind. Sie hörte es jetzt ganz genau. Es war ein Kinderweinen darin, ein Weinen wie von Kindern. Da wusste Ursula, wer es war. Es waren die drei jüngsten Kinder der Hindenacherin.

Sie zog sich das Tuch enger um die Schultern. Eiskalt war ihr. Die Kinder fuhren im Wind umher und weinten: Es fror sie, und sie hatten kein warmes Haus mehr, in dem sie wohnen könnten.

Ursula zitterte. Ich muss die Tür öffnen, dachte sie, ich muss die Kleinen hereinlassen, dass sie sich aufwärmen können.

Aber sie konnte sich nicht von der Stelle rühren. Eiskalt war sie, unfähig zur geringsten Bewegung.

Ich muss zur Tür, dachte sie, und ihre Verzweiflung

wuchs, ich muss zur Tür und sie öffnen, damit die Kleinen hereinkönnen und sich aufwärmen.

Wieder versuchte sie, sich von der Stelle zu bewegen, aber es gelang ihr nicht.

Der Wind ließ nach, Ursula saß in sich zusammengekrümmt und zitterte. «Ich halte das nicht aus», sagte sie, «ich kann es nicht länger ertragen. Es muss doch ein Mensch da sein! Wo ist Marie? Marie, wo bist du?» Ursula rief es laut und rief es in ihrer Verzweiflung noch einmal: «Marie, wo bist du?»

Aber niemand antwortete ihr.

Der Wind riss die Tür auf und fuhr mit einem scharfen Luftzug zur Stube herein. Da konnte Ursula sich ganz plötzlich wieder bewegen und rannte aus dem dunklen Haus hinaus auf die mondhelle Straße.

Sie lief nur wenige Schritte, da sah sie das Haus, in dem die Schwester der Hindenacherin mit ihrem Mann, dem Messerschmied Balthasar Christ, wohnte. Das Haus war hell erleuchtet, und Ursula trat ein.

Dann stand sie in der hellen Stube, in ihren großen Augen das Entsetzen.

«Was tust du hier?», sprach die Christin sie an. «Was tust du hier, Ursula, du hast das Haus noch nie betreten. Warum tust du es heute?», fragte sie scharf. Denn die Christin war allein zu Hause und fürchtete sich vor ihr.

«Ich bin gekommen», antwortete Ursula, «weil der Wind so heult. Er weint und treibt die Wolken bis zu ihrem Überdruss am Himmel entlang. Viel zu schnell.» Sie blickte unruhig um sich.

Die Christin ließ Ursula nicht aus den Augen, während

sie rückwärts auf ihren Platz beim Herd zuging. Dabei tastete sie im Vorbeigehen nach einem kleinen Kreuz, das auf der Herdkante lag. Sie vergewisserte sich, dass Ursula es nicht gesehen hatte, und umklammerte das Kreuz schnell mit den Fingern. So fühlte sie sich sicherer.

«Du bist verwirrt, Ursula», sagte sie scheinbar ruhig, während sie sich setzte. «Es ist besser für dich, du verlässt dieses Haus und gehst wieder zurück in das meiner Schwester.»

«Es ist dunkel, das andere Haus», antwortete Ursula, «und in allen seinen Ecken ächzt es. Das ist eine Sprache, die niemand kennt.»

«Du siehst nicht wohl aus», sprach die Christin weiter auf sie ein. «Geh wieder zurück, von wo du gekommen bist, und leg dich hin.»

«Wie soll ich mich hinlegen, wenn der Wind weint?», sagte Ursula.

«Deine Worte gehen im Kreis», erwiderte die Christin, «du bist müde. Ein Lager kann ich dir nicht geben, denn der Balthasar wird es nicht dulden, dass eine wie du unter seinem Dach nächtigt.» Sie sah zur Tür und hoffte sehnlichst, ihr Mann würde eintreten. Aber es kam niemand.

«Ich weiß auch, warum», sagte Ursula.

«Was?», fragte die Christin ohne Neugier.

«Der Wind weint, weil all die Geister heute mit ihm ausfahren. Es ist die Welt ja voller Teufel. Warum sollte die Luft nicht auch voll von ihnen sein.»

«Was redest du?» Die Christin spreizte hinter dem Rücken die Finger der rechten Hand von sich, damit der Böse sie nicht angreifen könne.

«Sie werden immer mehr auf dieser Welt. Die Teufel sitzen schon in allen Brunnen und verunreinigen das Wasser und flüstern den Weibern, die dort schöpfen, die unverschämtesten Dinge zu.»

«Was redest du?», wiederholte die Christin und blickte zur Tür.

«Sie sitzen in den Stuben der Kaufleute», fuhr Ursula wie im Traum fort, «setzen sich dort in die Waagschalen, dass es allerorten falsch wiegen muss. Die Teufel sitzen in den Ställen, und wenn die Mägde morgens kommen, die Kühe zu melken, dann finden sie keinen Tropfen Milch mehr in den Eutern. Sie sitzen am Bett der Brautleute und machen sie so kalt, dass die Braut nicht mehr empfangen kann. Sie sitzen an den Betten der Kranken und ...» Ursula stockte, leichenblass war sie im Gesicht.

Die Christin sah ihr Entsetzen. «Was ist, Ursula?», fragte sie, und ihre Stimme hatte für Ursula einen seltsam schmeichelnden Klang. «Was ist mit den Kranken, an deren Betten sie sitzen?»

«Sie werden ganz rot vom Fieber», sprach Ursula mit tonloser Stimme weiter, «ihr ganzer Leib schwillt an, und heiß sind sie, weil sie das Fieber so quält. Es quält sie wohl eine Woche und noch eine Woche und länger, und keine Salbe ist richtig, und kein Kraut hilft, weil der Böse an ihrem Bett sitzt.»

«Du hast ihn gesehen, nicht wahr, Ursula?», fragte die Christin mit Hinterlist und ließ sie nicht aus den Augen.

«Ja, und da sind die Kinder gestorben, eines nach dem anderen. Und ich bin doch schuld. Ich hab das Kraut nicht genommen, weil ich sie doch dem Teufel versprochen hatte. Wohl ohne mein Wissen, ein Versprechen aber zählt wie das andere. Ich hab ihn gesehen, wie er an ihrem Bett saß, die ganze Zeit. Und sicherlich hätte er mich gewürgt, wenn ich ihm nicht zu Willen gewesen wäre. Und darum hab ich's nicht anders machen können. Und bin eine Mörderin geworden.»

Die letzten Worte rief Ursula verzweifelt laut und rief es noch einmal: «Eine Mörderin! Ja, das bin ich. Und keiner ist da, der mich erlöst. Weil ich es doch für ihn tat, meinen Buhlen, den ich nicht vergessen darf. Eine Mörderin!»

Sie hielt inne, holte tief Luft, rückte sich mühsam die Kleider zurecht, war erschöpft. Sie ging auf den Platz der Christin zu und wollte sie um Verzeihung für diese Worte bitten. Aber sie fand den Platz neben dem Herd leer. Ursula setzte sich, wollte noch ein wenig Atem holen, bevor sie ging.

Da kam die Christin mit einem Mann zur Tür herein. Es war der Nachbar und Drechsler Jörg Eisenbart.

Er sah aus, als hätte ihn die Christin gerade aus dem Bett geholt. Sein Gesicht war schlafmüde geschwollen, die Haare hingen ihm wirr in die Stirn, und seine Hose hatte er nur notdürftig umgebunden.

«Was soll das heißen, wo sind hier Teufel?», fragte er mürrisch. «Ich seh keinen einzigen.»

«Nein, nein», kreischte die Christin zitternd vor Angst.

«Die Ursula seh ich wohl, das alte Weib, das bei deiner Schwester wohnt. Sie sieht doch aus wie alle Tage. Da geh ich doch lieber gleich zurück.»

«Nein», rief die Christin, «lass es dir erklären, Nachbar! Sie hat die Kinder dem Teufel versprochen, sie hat es selbst gesagt. Eine Teufelsbuhlin ist sie und trägt den Teufel im Leib und buhlt mit ihm und ...» Die Christin wusste in ihrer Angst keinen ordentlichen Satz hervorzubringen.

«Stimmt das, Ursula?», fragte Jörg Eisenbart unwirsch. «Antworte! Wo sitzt der Teufel, ich sehe ihn nicht.»

Da stand Ursula auf, sah ihn fest an und sagte: «Hier!» Dabei zeigte sie auf ihre linke Seite, die sie schmerzte. «Er kreist mir im Fuß, die linke Seite herauf, nie einmal wie das andere, sondern gleichsam so, als würde ein Hund oder eine Katze mich hier berühren. Wenn ich hinuntergreif, ist mir meine Seite so kalt wie Eis. Dann fährt er mir in den Leib wie eine Natter.»

Totenstill war's in der Stube.

«Nun dann», sagte Jörg Eisenbart nach einer guten Weile mürrisch, «ich hab dergleichen wohl schon manches Mal gehört und kann daran nichts Schlimmes finden. Sie ist ein krankes altes Weib und redet absonderlich. Ich bin müde, und mir ist kalt. Eine gute Nacht wünsch ich, Nachbarin Christin!» Jörg Eisenbart ging.

«Halt!», rief ihm die Christin hinterher, aber sie hielt ihn nicht.

Die Christin lief wieder hinaus, denn sie wollte nicht mit Ursula allein bleiben. In ihrer Angst wandte sie sich dem Haus ihrer Schwester zu und erzählte der Hindenacherin, die eben heimkam, mit schnellen Worten alles, was Ursula gesagt hatte.

«Sie hat deine Kinder umgebracht, Maria», drang die Christin in ihre Schwester, «sie hat es mir selbst gesagt, mit ihren eigenen Worten. Mit ihrer eigenen Zunge hat sie von sich als einer Teufelsbuhlin gesprochen. Du darfst sie nicht länger in deinem Haus haben, hörst du? Wir müssen sie dem Rat anzeigen. Sie ist ja eine Gefahr für Leib und Leben in deinem Haus. Und deine beiden Kinder in ihrer Kammer ...»

Die Hindenacherin, die bis dahin regungslos zugehört hatte, ohne ein Wort zu sagen, blickte plötzlich auf. In ihren Augen stand Angst. Sie überlegte nicht länger. Sie versprach alles so zu tun, wie es ihr ihre Schwester vorschlug.

Teufelstanz Die furchtbare Nacht von Allerseelen war vorüber. Anderntags wehte der Wind von Süden und trieb mild-warme Luft durch die Stadt, dass alle Leute sich zu freuen anfingen auf das Fest, das auf diesen Sonntag festgesetzt war: die Hochzeit der Patriziertochter Margaretha Gehring mit dem Tübinger Gelehrten, dem Magister Artium und neuen Rector der Lateinschule zu Nördlingen. Die Glocken riefen dazu laut und gleichmäßig im Einklang. Vollzählig strömte die Gemeinde aus allen Winkeln der Stadt zum Gottesdienst zusammen.

Auch Ursula und Marie hatten sich zeitig auf den Weg gemacht. Die Hindenacherin hatte sie gedrängt, schon vorauszugehen, sie sei mit ihren Kindern noch lange nicht fertig. So gingen die beiden nun nebeneinander, und Marie erzählte Ursula von den Gefahren, die sie um der Alraunwurzel willen auszustehen hatte, und Ursula schilderte Marie ihren Besuch bei der Christin. Den Wortlaut ihrer Rede gegenüber der Christin hatte sie jedoch vollständig vergessen. Mit ihrem Amulett unter dem Kleid auf der Haut fühlte sie sich jetzt sicher. Marie, die sich bei Ursula untergehakt hielt, freute sich, sie so friedlich zu sehen.

Während sie so miteinander redeten, merkten weder Marie noch Ursula, dass Leute am Rand der Straße ängstlich stehen blieben und warteten, bis sie vorüber waren. Andere, die unvermutet den Weg der beiden kreuzten, sprangen schnell zur Seite. Ursula und Marie sahen die furchtsamen Blicke nicht, mit denen sie verfolgt wurden, hörten nicht die hässlichen Worte, die in ihrem Rücken getuschelt wurden, und wussten nichts von den vielen Sadebaumzweiglein [1], die sich etliche Frauen unter ihre Halstücher und ihre Männer unter das Hemd gebunden hatten, um jedes Hexenwerk von sich fern zu halten.

Ursula und Marie betraten die Kirche wie alle anderen. Sie gingen den Mittelgang entlang und hielten nach einem Platz Ausschau, als plötzlich eine unbestimmte Bewegung in der Kirche entstand. Und während Marie noch darüber

---

[1] Wacholderart, deren Zweige früher zu einem Abtreibungsmittel gebräuchlich waren, im Volksglauben auch als Mittel zur Hexenabwehr bekannt.

nachdachte, woher diese Bewegung käme, spürte sie es plötzlich und sah, wie alle ihre Blicke fest auf sie beide gerichtet hielten. Ursula fasste nach Maries Hand.

«Setz dich nicht nach vorn zu den Jungfrauen», bat sie, «bleib neben mir!»

Marie nickte. Die beiden setzten sich, so schnell es ging, in eine noch völlig leere Reihe. Die Kirche füllte sich, immer mehr Menschen kamen. Nur in Ursulas und Maries Reihe setzte sich niemand. In den Reihen vor und hinter ihnen begannen die Leute plötzlich auseinander zu rücken, sodass auch dort freie Plätze entstanden und es aussah, als sei um die beiden ein unsichtbarer Ring gezogen, in den niemand hineingeraten wollte.

An diesem Sonntag predigte der Pfarrer über das Wesen der Liebe, und er sprach so bewegend, dass sich die Leute ans Herz griffen und viele Tränen weinten. Aber sie hörten nicht auf, Ursula und Marie anzustarren.

Da war es Ursula auf einmal, als ob die Blicke, die sie trafen, lauter Nadeln wären, lang und spitz. Sie merkte den Schmerz auf ihrer Haut. Marie, die Ursulas Hand hielt, merkte plötzlich, wie es auf die ihre schwere Tropfen regnete. Sie blickte zu Ursula hinüber und sah, dass sie weinte.

Der Gottesdienst war zu Ende.

Vor dem Kirchenportal stand dicht gedrängt die Menge und wartete auf die Braut und den Bräutigam. Kinder in Scharen warteten vorn am Weg: An großen Festtagen dieser Art gab es für sie Brezeln und Wecken zum Geschenk, von den Brautleuten Tüten mit Gebäck dazu. Marie drängte sich nach vorn, um auch etwas abzubekommen.

«Du bist kein Kind mehr», zischte sie eine alte Vettel feindselig an. Aber Marie hörte nicht hin, sondern streckte die Hände aus und nahm, so viel sie tragen konnte.

Die Glocken riefen zur Trauung. Das Brautpaar wurde von Kindern angekündigt, die ihm in Scharen vorausliefen, hüpften und in die Hände klatschten.

Die Alten in der Menge zählten die Zahl der Mädchen und der Buben, die dem Brautpaar vorausgingen, um zu erfahren, ob die Braut erst einen Jungen oder ein Mädchen gebären würde. Brautknechte begleiteten einen dürren, pickligen Bräutigam, von dem sich die Nördlinger im Voraus zu Recht zugeflüstert hatten, er sei hässlich wie die Nacht. Das fand auch Marie und schüttelte sich. Brautjungfern begleiteten eine sauertöpfische Braut, die nicht mehr jung war und kein bisschen lächelte. Ihre Haut war vertrocknet, auf jeden Fall ganz gelb.

Unter den Umstehenden begann einer zu hetzen: «Die hat ja schon allen Geschmack verloren!»

Und eine zahnlose Alte giftete: «Der hat der junge Bräutigam wohl schon alle Zähne aus dem Maul gehauen, dass sie den Mund nicht mehr auftun kann zu einem Grinsen.»

«Wenn Macht und Geld zueinander heiraten, braucht eine nicht schön zu sein», sagte Ursula und weinte.

Braut und Bräutigam waren vorüber. Ihnen folgten jetzt alle hohen Herren der Stadt, unter ihnen welche, die den Nördlingern unbekannt waren. Das waren die Gelehrten aus Tübingen, Würzburg und wer weiß welcher gelehrten Anstalt noch.

Der Blick des Bürgermeisters Pferinger fiel auf Ursula, die nahe beim Portal stand.

«Tut dies greinende alte Weib fort», befahl er. «Sie bringt ja Unheil über die Braut. Auf ihrem Weg zur Kirche darf die Braut kein weinendes Weib sehen. Sie stirbt davon.»

Ursula wurde von den Stadtbütteln unsanft ergriffen und auf die Seite gezerrt. Später sagten die Leute, sie hätte die Braut behexen wollen.

Als die Menge sich verlief, gingen Ursula und Marie ganz allein nach Hause und ließen die Köpfe hängen.

Hinter einer Hausecke hatten sich ein paar Jungen aus der Sonntagsschule versteckt und schrien den beiden hinterher: «Da geht die Hex mit ihrer Schülerin!»

«Die beiden Hexen laufen von der Kirche fort!»

«Die Hexen haben Sehnsucht nach ihren Buhlen!»

Marie lief über vor Zorn, drehte sich zu den Jungen um und brüllte: «Lügner! Dreckskerle! Wichser! Tränensäcke!» Sie nahm einen Stein auf.

Da sah sie unter den Jungen auch Caspar. Vor Erstaunen hielt sie einen Moment inne und schrie dann: «Verräter! Pisser!» Und warf den Stein nach den Jungen.

Die johlten und waren sofort verschwunden, ein übles Gespenst am helllichten Tag.

Die kleinen Leute stärkten sich mittags zu Hause. Marie aber musste schon bald wieder fort. Bevor sie ging, bat sie Ursula inständig: «Du musst dir die Comoedia vom verlorenen Sohn ansehen, Ursula! Wenn du fehlst, können sie sagen: Du fühlst dich ja selbst schuldig, dass du dich nicht mehr in die Kirche wagst. Du hast doch dein Amulett bei dir, Ursula, versprich es mir!»

Ursula streichelte Maries Hände und sagte: «Ja.»

Die Pfarrkirche war dem Ansturm kaum gewachsen. Hinter ihren Ehrengästen saßen die Nördlinger, und die, die keinen Platz mehr gefunden hatten, standen in den Gängen. Kinder balgten sich um die besten Plätze, und Hunde jaulten vor Schmerz, weil ihnen ständig auf den Schwanz getreten wurde.

Auf der Frauenseite ganz vorn saß die Matrone mit ihren zwölf blassen Küken und hatte einen trockenen Hals vor Aufregung, der kratzte sie wie ein Reibeisen.

Auf der anderen Seite saßen die Jungen, denen es auch nicht viel besser ging, neben ihnen der Rector und der Kantor. Der hippelte ununterbrochen auf seinem Platz hin und her, konnte die Füße nicht ruhig halten und schlug in den Noten nach, ob noch alles beisammen war.

Endlich begann das große Spiel: Der Vater schickte seine beiden Söhne fort. Der eine tat alles recht, denn er wollte dem Vater gefallen. Der andere irrte umher und verlor sich an die Welt, verprasste sein Geld, brachte die Nächte in Hurenhäusern zu und hatte seinen Vater darüber ganz vergessen. Und als die Stelle kam, wo der Hurenwirt den verlorenen Sohn hinauswirft, weil der kein Geld mehr hat, und der Hurenwirt steht da und klagt darüber, dass seine Geschäfte immer schlechter gehen, weil der heilige Stand der Ehe durch Luthers Lehre eine so neue Macht bekommen hätte, und die Mädchen, angeführt von Marie, zogen von der richtigen Seite her ganz langsam über die hintere Bühne: Keusche Jungfrauen, die dem Laster absagen und sich auf den heiligen Stand der Ehe vorbereiten – da breitete sich in der Pfarrkirche tiefe Ergriffenheit aus. Selbst die Kinder und sogar die Hunde, denen Sonntag für

Sonntag vergeblich der Eintritt in die Kirche verwehrt wurde, saßen still und spitzten die Ohren.

Und als Caspar dann als verlorener Sohn Akulastus allein in der Mitte des riesigen Kirchenschiffs stand und sich bitter selbst anklagte, da schluchzten alle und weinten, weil die Erde ein rechtes Jammertal und der Weg zum Paradies allzu beschwerlich sei.

Sogar die hässliche Braut und ihr pickliger Bräutigam zerdrückten schnell ein paar Tränen.

Als der Rector merkte, dass der Wirkung nach alles einschlug, wie er es sich erhofft hatte, wuchs er in seiner Bank wohl um einen halben Kopf. Der Kantor stimmte sein trutziges Lied an, die Sonntagsschüler sangen aus Leibeskräften, und die Matrone mit ihrem trockenen Hals bekam einen Husten, den sie nicht mehr halten konnte, und bellte jämmerlich.

Der Vater versöhnte sich mit seinem verlorenen Sohn, und es gab noch einmal Anlass zu heißen Tränen, dann war das Spiel zu Ende.

Für die Nördlinger sollte das Fest mit Gefräß und Tanz jetzt erst richtig beginnen.

In der Pfarrkirche entstand ein Gedränge, denn alle wollten auf einmal hinaus. Marie, die mitten in der Menge steckte, fühlte plötzlich, wie ihre Schulter berührt wurde, und sah neben sich Bärbel.

«Es ist alles gut gegangen, Marie!», flüsterte Bärbel und lachte mit ihren Augen dazu.

Marie wurde inwendig ganz heiß und bekam einen roten Kopf vor lauter Glück. «Bist du mir wieder gut, Bärbel?», fragte sie atemlos.

Bärbel drückte ihr die Hand und nickte. «Ja», lachte sie.

Da begann für Marie ein wirklicher Festtag, und sie suchte Ursula, um es ihr zu erzählen. Aber als sie sie endlich fand, sagte sie gar nichts, nahm Ursula nur übermütig bei der Hand und lief mit ihr zum Tanzhaus.

Alle waren gekommen. Und weil es im Tanzhaus keinen Platz mehr hatte, waren vor das Haus, auf die Straße Bänke gestellt und Musikanten dazu. Da war einer mit einer Fiedel, eine Flöte hatten sie dabei, dazu Glocken und Zimbeln und Trommeln. Und einer konnte die Drehleier spielen, dass es eine wahre Lust war. Die Nördlinger hielten Wecken oder Eierkuchen oder Würste in der Hand und tranken Bier und Wein dazu, der floss heute in Strömen.

Marie sprang von einem zum anderen und sagte: «Hier, probiere von meinem Eierkuchen, er ist bestimmt noch süßer als der, den du hast!»

Oder sie sagte: «Wir sind jetzt im Nebelmond. Aber alle Nebel sind fort, und der November ist mit einem milden Wetter gekommen, als wäre er der Frühling selbst! Das soll einen guten Wein geben, aber dieser hier ist der beste!»

Und die anderen mussten von ihrem Wein kosten.

Oder sie lief mit Bärbel in eine Ecke und flüsterte ihr zu: «Ich reib mir meine Wangen und meine Lippen, bis sie rot sind. Ich will schön sein!»

Und Bärbel lachte und tat es ihr nach.

Auch die Sternwirtin mit ihrem versoffenen Mann war da und rief der vorbeiwirbelnden Marie zu: «Das ist recht, Marie, dass du einmal so fröhlich bist. Du musst aber auch tanzen!»

Und in einem Hauseingang versteckt sah Marie den Judendoktor mit seinem schwarzen Bart. Der zwinkerte ihr zu und legte den Finger auf den Mund zum Zeichen, dass sie ihn nicht verraten sollte. Da lief Marie und brachte ihm Würste und einen Krug Bier. Der Judendoktor aß im Schatten des Hauseingangs und lachte ihr zu.

Marie hüpfte um Bärbel herum und war schon wieder fort.

Kaum wollte sie ihren Augen trauen, aber ganz am Rande der Menge sah sie Bartel, den alten Hirten, mit einem Krug Bier in der Hand stehen und große Töne spucken. Doch niemand rundherum hörte ihm zu.

Marie sprang weiter zu Ursula, die auf der Bank gleich vor dem Tanzhaus saß, und brachte ihr Würste und Eierkuchen. Aber Ursula schlug sie aus, denn sie konnte keinen Bissen mehr hinunterbringen. Nur Wein mochte sie noch trinken und hatte schon glühend rote Wangen davon. Sie lachte fröhlich und griff nach Maries Hand, dass die ihr in die Augen sah. Mit der anderen Hand zeigte sie auf ihr Halstuch, unter dem sie ihr Amulett verborgen hielt. «Das gibt mir so eine Ruhe, Marie», sagte Ursula, «und ein Gefühl, dass ich weiter gehen möchte als die Sonne und der Mond.»

Marie lächelte ihr zu und war schon wieder verschwunden.

In der Menge erkannte sie plötzlich die schöne Apollonia aus Goldburghausen mit der Narbe am Kinn.

«Wie kommst du denn hierher?», fragte Marie.

«Ich bin geladen», antwortete Apollonia.

«Von wem denn?», fragte Marie weiter.

«Von der Luft», lachte Apollonia, «und von den Störchen, die erst morgen nach Süden ziehen und Glücksboten sind. Und von den Bäumen, die ihre Blätter nicht verlieren wollen dies Jahr. Und von der Rose, die in diesem Jahr zum dritten Mal geblüht hat.»

Da lachte Marie, und die Musik fing an zu spielen.

Männer und Frauen begannen sich gemächlich miteinander zu drehen oder umeinander zu hopsen. Marie wollte nicht warten, bis sie gefragt wurde. Sie nahm sich selbst bei der Hand und stürmte auf den Tanzplatz.

In großen Sprüngen hopste sie um die anderen herum. Die Flöte mit ihren Trillern und die Drehleier brachten sie darauf, sich zu drehen. Und Marie drehte sich um sich selbst, dass ihr Rock im hohen Bogen flog.

Die anderen hörten nach und nach auf zu tanzen und sahen ihr verwundert zu.

«Wie schön sie ist», entfuhr es einem Burschen, und die Frauen betrachteten sie mit neidvollen Blicken.

Marie brauchte Platz für ihre großen Schritte, für ihre weiten Bogen, sie sah und hörte nichts. Die Arme, die sie bis dahin ängstlich nah am Körper gehalten hatte, wurden ihr leicht. Sie bog den Kopf nach hinten und lachte. Ihre Röcke bauschten sich, der Abendwind erfrischte sie mit seinem kühlen Hauch. Marie war schön wie sonst nie.

Aber Ursula hörte, was die Leute untereinander sprachen.

«Das ist ja ein Tanz völlig außer der Regel!»

«Die ist ja nicht mehr bei Sinnen!»

«Die tanzt ja allein wie ein Hurenweib!»

«Nein, wie eine Teufelsbraut», sagte ein anderer.

«Darum braucht sie keinen, der sie führt, weil es der Teufel selbst ist, mit dem sie tanzt!»

Die vornehmen Herren, die im Tanzhaus am Tisch beieinander saßen, sahen dem Tanz Maries durch das geöffnete Fenster zu. Und wechselten wissende Blicke.

«Teufelstanz!», zischte Pferinger angewidert zwischen den Lippen hervor.

«Wird Zeit, dem ein Ende zu bereiten», sagte einer der auswärtigen Herren.

«Das Ende dieser Teufelsbrut ist schon gekommen», erwiderte Pferinger und verzog den schmalen Mund zu einem hässlichen Lachen.

Die Knechte des Henkers

Das Fest dauerte die ganze Nacht und auch noch den nächsten Tag und die darauf folgende Nacht. Dann kam der Katzenjammer.

Die Christin war zum Rat gelaufen und hatte ihm alles, was Ursula in jener Nacht zu ihr gesagt hatte, wortgetreu berichtet. Daraufhin hatte der Rat als Erstes die Christin festsetzen lassen und ihre Aussagen überprüft: Ganz unwahrscheinlich wollte es den Ratsherren vorkommen, den Anlass für ihr Einschreiten so unverdient glücklich in die Hände gespielt zu bekommen. Der Nachbar Jörg Eisenbart wurde zum Zeugen berufen. Widerstrebend, denn er konnte den Sinn dieses Aufwands in keiner Weise einsehen, bestätigte er Punkt für Punkt die Richtigkeit der Aussagen der Christin. Die ließ der Rat daraufhin laufen.

Dann machten sich um die Mittagszeit die Knechte des Henkers auf den Weg zum Hindenacherschen Haus.

Dort lief Marie eilig treppauf, treppab, suchte ihre dicken wollenen Strümpfe und konnte sie nicht finden und sollte doch gleich beim Sternwirt sein. Ursula stand unten beim Herd und kochte auf einem mageren Feuer Hirsebrei mit Milch für die Kinder. Die saßen am Tisch und hatten Hunger.

Die Hindenacherin war fort. Sie floh ihr Haus jetzt bei jeder Gelegenheit und war häufig in der Werkstatt des Hindenacher anzutreffen, wo sie wie eine Fremde in einem dunklen Winkel saß, unansprechbar.

«Der Brei will nicht kochen. Es liegt ein Unheil in der Luft», sagte Ursula.

«Leg ein Holzscheit nach, der Wind steht heut schlecht», erwiderte Marie und lief noch einmal in die oberen Kammern.

Da wurde die Tür aufgestoßen, ein scharfer Windzug fuhr in die Stube. In der Türöffnung standen dunkel drohend zwei Männer, mit Säbeln an der Seite. Etwas wie Kettenklirren war zu hören.

«Ursula!», schrien die Kinder hell auf und duckten sich unter den Tisch.

Ruhig wandte Ursula das Gesicht den beiden Männern

zu und sagte: «Ich komme! Ich will nur erst diesen Hirsebrei kochen. Die Kinder haben Hunger.»

«Ursula!», schrie Marie und kam die Treppe heruntergestürzt. «Ursula, was sagst du da? Was wollen diese Herren? Was laufen sie so verbrecherisch am helllichten Tag mit dem Säbel herum, wer seid Ihr?»

«Wir sind die Knechte des Henkers», antworteten sie, «und sollen Ursula Haider, die als Hexe beschrien ist, vor den Rat stellen.»

Bei diesen Worten packte einer der beiden Ursula am Arm. Sie aber schüttelte ihn ab und wiederholte: «Erst will ich diesen Brei fertig kochen. Die Kinder haben Hunger.»

«Ursula, du darfst nicht gehen», schrie Marie in höchster Not, «du bist verloren, wenn du erst in ihren Händen bist!»

«Meine arme Marie, mein närrisches Kind», sagte Ursula sanft, «ich muss mit. Und wie sollt ich auch den vier starken Armen dieser Knechte widerstehen können? Es wird alles an den Tag kommen.»

«Wer weiß, mit welch teuflischer Absicht sie diesen Brei rührt», sprachen die Knechte untereinander. «Am Ende hext sie uns noch eine Steifheit oder Unfähigkeit der Glieder an. Sie muss augenblicklich mit!»

Die beiden Knechte packten sie gleichzeitig von hinten so hart an den Armen, dass Ursula laut aufweinte.

«Erbarmen», rief sie, «Marie!»

«Lasst sie los!», schrie Marie und zog einen der Knechte an seinem Wams. Der merkte es überhaupt nicht.

«Marie, nimm den Topf vom Feuer, es soll ja schier alles verbrennen. Erbarmen!», rief Ursula.

«Lasst sie los!», schrie Marie wieder und weinte.

«Ich brauch ein warmes Tuch, es wird kalt sein im Gefängnis», sagte Ursula.

Marie lief durchs Haus und brachte ihr unter Weinen das warme Tuch für die Schultern.

«Und einen Laib Brot, Marie», fuhr Ursula fort, «leg eine von den Speckseiten dazu, die jetzt im Rauchfang gut sind. Wenn ich sie esse, werde ich daran denken, wie wir sie zusammen ...»

Marie lief und brachte ihr das Brot und die Speckseite, die sie in einen Beutel getan hatte. Dazu tat sie ein Geldstück, einen ganzen Gulden, und ein Bild vom Gekreuzigten, das sie aus der Sonntagsschule hatte.

«Bete, Ursula», flehte Marie, «dass Er dich bald erlöst von Gefängnis und Not, dann sehen wir uns wieder.»

«Wir sehen uns heute zum letzten Mal, Marie», sagte Ursula und streichelte ihr das tränenüberströmte Gesicht.

«Das ist nicht wahr!», rief Marie. «Ursula, so darfst du nicht reden! Du hast doch selbst gesagt: Jetzt wird alles gut. Du musst daran glauben und darum beten!»

«Marie, mein Kind, meine Liebe», sagte Ursula, «wir müssen jetzt Abschied nehmen.»

Und Ursula wischte ihr die Tränen aus den Augen, dass Marie sie ansehen konnte.

«Nein», schrie Marie, «nein! Wir sehen uns wieder. Wir haben doch noch so viel vor!»

Sie wollte sich ihr an den Hals werfen, da rissen die Männer Ursula zurück, dass Marie hinfiel. Und Ursula konnte sie nicht auffangen, denn die Hände waren ihr unterdessen schon auf dem Rücken gebunden.

Die Knechte stießen sie mit dem Knie ins Kreuz, rissen sie herum und stießen sie vor sich aus der Tür.

Regungslos blieb Marie liegen. Die Sachen, die Ursula hatte mitnehmen wollen, lagen achtlos auf dem Boden verstreut. Die Knechte waren mit ihren derben Stiefeln darüber getreten.

Mit glanzlosen, weit aufgerissenen Augen hatten die Kinder alles verfolgt.

«Ursula», schrien sie beide, als die Knechte sie zur Tür hinausstießen, «Ursula, bleib hier! Wir haben Hunger.»

Sie liefen hinter den Knechten, die Ursula wegführten, auf die Straße hinaus. Und liefen ihr noch auf der Straße hinterher. «Ursula, bleib bei uns! Wir haben Hunger ...»

Letzte Warnung Wie viele Tage und Wochen Ursula seitdem fort sein mochte – Marie wusste es nicht.

Sie hatte die Richter um Erlaubnis gebeten, Ursula im Gefängnis sehen zu dürfen. Die hatten es ihr jedoch abgeschlagen, denn Besuche wurden nur Verwandten und nur unter besonderen Umständen gewährt. Und Verwandte hatte Ursula nicht.

Da hatte Marie das wollene Schultertuch, das Brot und die Speckseite und auch den Gulden der Frau des Rathausverwahrers gegeben und sie gebeten, alles Ursula zu überbringen.

«Aber wirklich», hatte Marie gesagt. «Ursula friert so leicht und kann auch das andere gut brauchen.»

«Was denkst du von mir in deinem Sinn», hatte die Rathausverwahrerin misstrauisch gefragt und dabei die Augen zusammengekniffen, bis nur noch ein schmaler Schlitz übrig blieb.

Da hatte Marie nicht gewagt, sie weiter zu bitten.

In der Sternwirtschaft durfte sie jetzt keinen Nachmittag und Abend mehr fehlen. Die Sternwirtin hatte Anna weggeschickt. «So ein liederliches Mädchen können wir nicht zahlen», hatte Apollonia gesagt. Jetzt musste Marie für zwei arbeiten.

An diesem Nachmittag ging es in der Sternwirtschaft hoch her. Die Frauen aus der Hallgasse, junge Gesellen, die noch rechte Grünschnäbel waren, ein paar Alte, alle waren sie da und saßen um den größten Tisch in der Wirtsstube. An dessen Kopfseite hockte ein alter Griesgram in einem Rock aus feinem Tuch.

«Wie hat sich der feine Herr hierher gefunden?», fragte Marie.

Apollonia wusste es auch nicht. «Das ist der Doktor Röttinger, der ist ein großer Rechtsgelehrter vor dem Herrn», flüsterte sie Marie zu.

Der Doktor löffelte wortlos eine fette Brühe, den Kopf

tief über die Schüssel gebeugt, so fielen die Tropfen aus seinem Bart gleich zurück in das Gefäß.

Die Nördlinger erzählten sich unterdessen, Ursula habe jetzt alles gestanden, und hetzten.

«Sie hat ihr ganzes Hexenwerk auf einmal gestanden», führte einer der Grünschnäbel das Wort, «mit einem Mal ist alles aus ihr herausgebrochen, da hat sie ihr Geheimnis nicht länger verbergen können. Der Sohn vom Welsch hat es mir gesagt. Jetzt wird alles offenbar, hat er gesagt. Bald wisse man, welche sich dem Teufel verschrieben haben.»

«Jaja», sagte ein Alter, «da lebt einer sein Leben lang, ist ahnungslos und gutgläubig und weiß gar nicht, wem er eigentlich die Hand reicht.»

«Die brauchen einen nur anzurühren, schon lasten Unglück und Krankheit auf ganz und gar gottgläubigen, unschuldigen Menschen», pflichtete ihm eine gichtige Alte bei.

«Unbemerkt machen sie ihre heimlichen Zeichen, und schon kann der ganze Hausstand durch ein Feuer verzehrt werden. In einer Nacht ist das geschehen», wusste der Alte noch zu sagen.

«Hat sie denn auch von ihrem teuflischen Buhlen erzählt?», fragte einer. «Von ihren Ausfahrten und Spielen?»

«Und wann hat sie sich ihm verschrieben?»

«Und wie? Mit eigenem Blut, mit süßen Worten?»

Die Nördlinger wollten alles genau wissen.

«Ursula hat erzählt, sie seien jede Woche ausgefahren», tat sich der Grünschnabel wichtig mit wohlgesetzten Worten, «sie und ihre Teufelsbuhlinnen, alle aus unserer Stadt. Auf dem Weinmarkt haben sie getanzt und im Zahlhaus und im Spitalkeller und wer weiß noch wo. Durch die Lüfte sind sie gefahren und haben auf ihren Festen Speisen und Wein im Überfluss gehabt. Und wisst ihr, wie sie sich ihren Wein besorgt haben?»

Der Grünschnabel fasste seine Tischgesellen ins Auge und wurde ernst.

«Sie sind den Nördlinger Wirten in die Keller gefahren und dort durch die Spundlöcher geradezu in die Fässer. Da sind sie erst wieder herausgefahren, wenn sie sich den Hals voll gesoffen hatten.»

Er ließ seinen Zuhörern keine Zeit zum Staunen.

«Aber ein noch viel gräuslicheres Ding hat sich auf dem Totenhügel beim Kerkerhäuslein zugetragen. Dort sind die Leichname von kleinen Kindern ausgegraben worden. Nur wer genau es getan, das hat die alte Hexe nicht mehr zu erzählen gewusst. Aber ganz sicher ist, das hat der Sohn vom Welsch selber gesagt, dass sie die Kinderleichen brauchen, um ihre teuflischen Salben daraus zu fertigen. Man wisse derlei auch schon aus anderer Hexen Geständnis.»

«Wer sind denn ihre feinen Gespielinnen?», wollte einer wissen.

«Namen über Namen», rief der Grünschnabel aus, «das gotteslästerliche Werk der teuflischen Ausfahrten und Feste höret wohl nimmer auf, bevor nicht alle gefasst sind.»

«Was hört man? Welche Namen?», fragte Marie tonlos. Nur mit Mühe hielt sie sich im Zaum, stellte das verlangte Gesöff vor die Redner auf den Tisch und verriet sich nicht.

«Man hört so allerhand. Die Getzlerin, sagt man, und die Marbin», antwortete ihr der Grünschnabel.

«Dass das zwei alte teuflische Hexen sind, weiß einer doch schon lang», wunderte sich eine rotwangige Alte und konnte die Aufregung, die es mit einem Mal um diese Frauen gab, nicht verstehen.

«Und von einem kleinen Fräulein aus Dinkelsbühl ist die Rede!»

«Ob das die alte Nussartin ist? Die ist doch schon einmal als Hexe verschrien und verhört worden», erzählte die rotwangige Alte, «das hat sie mir selber gesagt. Und dann hat man sie wieder freigelassen, weil keine Schuld an ihr zu finden war. Das ist alles wohl bald dreißig Jahre her. Da waren wir alle noch jung und schön wie die Kirschbäume im Frühling.»

«Das ist nicht wahr», fuhr einer dazwischen.

«Doch, das ist wohl wahr», sagte bedächtig die Alte.

«Es ist nicht wahr, dass die Nussartin ohne Schuld ist», entgegnete der andere. «Ich hab es selber gehört, dass sie gesagt haben soll: Eh man die Haider verurteilt, wär wohl die alte Nussartin erst selber dran.»

«Das ist nicht wahr», sagte die Alte erschrocken und schüttelte den Kopf hin und her, dass ihr die roten Wangen zitterten.

«Das ist wahr», erwiderte ihr der Alte, «dass es Richter gibt, die sind so dumm, dass sie die größten Hexen wieder laufen lassen. Niemals sollte man niemand wieder laufen lassen, der solcherart verschrien ist.»

Und eine andere schüttelte sich vor Empörung und sagte: «Da kann man dies böse, verkehrte Weib doch nicht lang genug aufziehen und strecken, bis ihr alle Lügen aus dem Hals herausfallen und sie alles gestehen muss.»

So verbreiteten sie sich hetzend über Ursula und die anderen Frauen, unruhig wie eine Meute dressierter Jagdhunde.

Marie wusste, dass nichts gefährlicher war, als sich in Gegenwart des alten Rechtsgelehrten für Ursula auszusprechen. Also sagte sie nichts, als sich die anderen in Zorn und Abscheu hineinredeten.

Da brach der alte Doktor Röttinger sein Schweigen. «Ihr seid ja allesamt verhetzt», sagte er, «so wie ein Pöbel nur verhetzt sein kann. Das will dem gemeinen Mann doch von allein nicht im Traum einfallen. Da ist doch ein Scharfmacher am Werk.»

Er löffelte wütend den Rest seiner Suppe aus und sagte zu sich: «Die Sprache dieses Scharfmachers sollt ich wohl kennen. Ein Aufsteiger und Streber ist er, ein verdammter bleichgesichtiger ...»

Gerade noch im rechten Moment hielt er inne, blickte auf und sah in die ratlosen Gesichter der Nördlinger, die ihn anstarrten, dass ihnen die Augen bald aus dem Kopf fallen wollten. Maries Gesicht verriet keinerlei Bewegung.

«Und ihr versteht davon so viel wie der Mistkäfer vom Melken», brüllte er. «Das Aufziehen, das Strecken – alles ist in der gebührlichen Ordnung. Der Ratsschreiber ist dabei und fertigt ein getreuliches Protokoll davon, alles ist in seiner dafür festgeschriebenen Ordnung. Und hinterher geht das ordentliche Gericht daran und prüft die Aussagen nach, ob sie wahr sind oder eine unverschämte Lüge der Missetäterin.»

Der alte Röttinger holte tief Luft, sah griesgrämig in die Runde und fuhr etwas milder fort: «Da hab ich heute eine Nachfrage beim Veit Wörlen gemacht, dem hat die Ursula Haiderin wohl eine rote Kuh umgebracht.»

«Und?», fragten die Nördlinger gespannt.

«Der Veit Wörlen hat gesagt: Er habe keine rote Kuh nie gehabt, so sei ihm auch keine krank geworden oder gestorben. Und eine Nachfrage bei dem Sonnenwirt Rehlen habe ich gemacht, ob ein Wein gefehlt habe in seinen Fässern.»

«Und?», fragten die Nördlinger.

«Da hat der Adam Rehlen mir geantwortet, er habe nie nichts gefunden oder gespürt und habe auch gar nicht darauf Acht gegeben. – Und eine Nachfrage beim Totengräber Jörg hab ich heute auch noch gemacht.»

«Und?», fragten die Nördlinger wieder, jetzt schon kleinlauter.

«Der Totengräber hat zu mir gesagt, er habe zwar vor längerer Zeit zwei Kinder beim Kerkerhäuslein eingegraben, aber niemals habe er an diesen Gräbern eine Spur entdeckt, dass jemand versucht hat, sie auszugraben. Auch habe er niemals Handwerkszeug stehen lassen, das sperre er immer ein.»

Da zogen die Nördlinger lange Gesichter und waren enttäuscht. Marie aber ahnte, dass Ursula unter der Folter zum Reden gebracht worden war und falsch ausgesagt hatte, um Marie und andere damit zu schützen. «Das hat Ursula gestanden in ihrem Schmerz und wollte niemanden damit verraten», sagte sie.

Der alte Röttinger sah Marie aufmerksam an.

Und die Nördlinger sagten: «Die Richter müssen sie freilassen, wenn sie niemand nichts getan hat.»

«Auf das Geständnis allein kommt es an», sagte der alte Röttinger, «und gestehen wird sie, mit peinlicher Tortur und ohne, wie es das Gesetz vorschreibt.»

Und er lachte verdrießlich.

«Marie», rief Apollonia nach ihr, «du kommst einmal hierher.»

Marie sprang auf. Das war kein böser Traum. Das waren die Nördlinger Gesellen, wie sie ihr Bier bei Apollonia soffen, das waren die Frauen aus der Hallgasse, ratlos und stumm. Und das waren die Alten, denen die Worte geschwätzig über die Lippen sprangen.

«Marie», sagte Apollonia, «unten im Keller steht ein Kind, das einen Krug Bier bekommt.»

Marie stieg die Stufen zum Keller hinab.

«Bärbel», rief Marie, «mein Bärchen, meine Liebe!», und umarmte sie heftig.

«Geh fort», schluchzte Bärbel.

«Wie kann ich von dir fortgehen, wenn du weinst.»

«Nicht von mir, bleib bei mir, Marie», schluchzte Bärbel.

«Ich will bei dir bleiben, nie will ich fort», sagte Marie.

«Aber du musst fort, Marie, sie sind hinter dir her!»

«Wer soll denn hinter mir her sein?» Marie lachte leise.

Aber Bärbel beruhigte sich nicht. «Der Caspar hat es mir gesagt», schluchzte sie, «ich weine nicht aus Versehen. Sieh mich an, Marie!»

Und Marie sah in die rot geweinten Augen Bärbels, die alle Lust am Lachen verloren hatten.

«Caspar sagt, sie sammeln jetzt die Verdächtigungen gegen dich. Du bist die Vertraute der Hexe Haider, die beim Tanz völlig außer sich gewesen ist. Du bist die Zaunreiterin, die nachts ihr Kraut auslegt, das sie vom Teufel hat. Als du die Krebse bei der Ratsherrentafel umgeworfen hast, soll es ein böses Zeichen für den Gastgeb Herlin gewesen sein. Dessen Tochter liegt jetzt auf Leben und Tod.

Du bist verloren, Marie. Sie werden dich rasend machen, bis du alles gestehst. Meine arme Marie.»

Bärbel warf sich ihr schluchzend um den Hals, und Marie streichelte sie und lächelte vor Glück. Aber Bärbel beruhigte sich nicht.

Apollonia rief nach Marie, und sie füllte Bärbels Krug mit Bier. Sie küsste Bärbel die Tränen aus den Augen und ging hinauf, um den Nördlingern ein letztes Mal Wein oder Bier zu bringen.

Jetzt wusste Marie, warum der griesgrämige Röttinger an diesem Abend seinen Weg in die Sternwirtschaft, die dunkle Höll, gefunden hatte.

Sie verabschiedete sich von Apollonia und machte sich auf den Weg nach Hause. Da war es schon tiefschwarze Nacht, und über der Pfarrkirche stand prächtig das Sternbild des Großen Bären.

Marie sah lange hinauf. «Ursula will, dass ich fortgehe», wusste Marie, «das zeigt mir der Große Wagen. Aber er ist doch auch ein Großer Bär und Bärbel, mein Bärchen, sein Kind.»

Da lachte Marie darüber, wie alles miteinander zusammenhing. Aber gleichzeitig war sie traurig und weinte und wollte am liebsten nicht mehr auf dieser Welt sein.

Abschied

Es waren fahrende Leute in der Stadt, Seiltänzer, Bettler und Schausteller. Die hatten dem Rat der Stadt ihr Schauspiel gezeigt.

«Das ist keine ehrlich christliche Geschichte», hatte der Rat gesagt, denn es war ein weltliches und kein biblisches Schauspiel, was die fahrenden Leute vorstellen wollten. Der Rat hatte den Schaustellern die öffentliche Aufführung verboten. So blieben sie nur über Nacht, um im Morgengrauen weiterzuziehen.

Marie hatte in der Sternwirtschaft von den glücklosen Vaganten[1] gehört und sich gemerkt, wo sie Unterkunft gefunden hatten.

Jetzt, mitten in der Nacht, stand sie leise auf, wusch sich lange das Gesicht und zog alle Sachen, die sie besaß, übereinander. Dann nahm sie aus dem Keller Brot und Speck und legte der Hindenacherin dafür einige Kreuzer auf den Tisch beim Herd, denn sie wollte ihr nichts schuldig bleiben.

Marie verließ das Haus ohne das geringste Geräusch.

Sie fand die Vaganten, als sie gerade ihre Sachen für den

---

[1] fahrende Spielleute, fahrende Schüler

Aufbruch zusammenpackten. Es waren Kinder dabei, die weinten, weil man sie aus dem Schlaf gerissen hatte.

Marie bückte sich vor einem kleinen verdreckten Jungen, der sich mit beiden Fäusten die verheulten Augen rieb, dass sie schon ganz rot davon waren.

«Mein armer Kleiner», sprach Marie ihn an.

Da heulte und schrie der kleine Bursche nur umso mehr.

«Was tust du hier?», herrschte eine Alte sie an, die einen riesigen Ballen mit Decken und Tüchern vor sich hertrug.

«Ich kann Euch tragen helfen», sagte Marie eilig, weil ihr nichts Besseres einfiel.

«Der Tag, an dem uns eine feine bürgerliche Jungfrau aus der Stadt tragen hilft, ist noch nicht erfunden worden», lachte die Alte höhnisch und wollte an Marie vorbei zum Fuhrwerk, auf das sie ihre Habseligkeiten luden.

«Wartet», bat Marie flehentlich, «ich muss unerkannt aus der Stadt gelangen. Nehmt mich mit!»

«Ach, so eine bist du.» Die Alte pfiff leise durch die Zähne und stellte ihren Ballen zwischen sich und Marie auf den Boden. «Sieht aus wie ein unschuldiger Engel, der geradewegs vom Himmel in dieses lausige Nest gefallen ist, und hat schon was auf dem Kerbholz!»

Die Alte pfiff wieder leise durch die Zähne, so erstaunt war sie. Dann musterte sie Marie von oben bis unten mit ihren Blicken.

«Warte hier», entschied sie und verschwand in der Türöffnung. Im Vorbeigehen griff sie nach der Hand des kleinen verheulten Burschen und zerrte ihn hinter sich hinein.

Die Alte kam mit einem wohl noch viel älteren Mann zurück, der war ein elender Huster und schleppte ein Bein nach.

«Du willst also mit uns aus der Stadt», sagte er schwerfällig und sah Marie ebenfalls von oben bis unten an, nur dass er sich dafür doppelt so viel Zeit ließ wie vor ihm die Alte.

«Einen Gulden», sagte er endlich.

«Was?», fragte Marie, gleich zu Tode erschrocken.

«Einen Gulden dafür, dass wir dich auf dem Fuhrwerk verbergen, wenn wir die Torwachen passieren.»

«Ich hab aber nur noch fünfzig Kreuzer, das ist alles, was ich besitze», stammelte Marie.

«Dann gib uns deine fünfzig Kreuzer», sagte der Alte und hustete, «die werden dann schon reichen.»

Marie wollte ihm danken, aber der Alte winkte ihr mit einer Handbewegung ab.

«Hilf die Sachen da hinaufladen, es wird bald Tag», befahl er.

Kalt krochen die Nebel zwischen den Häusern entlang, dämpften jeden Schritt, jedes Wort, den Aufschlag der Pferdehufe auf den frostgehärteten Wegen. Das war der Nebelmond, der November, der die Städte krank macht, die Menschen von den Straßen treibt und ihre Reden zu einem Flüstern herabstimmt, als wären sie in das Sterbezimmer ihrer Mutter eingetreten.

Marie verließ Nördlingen, auf dem grob gezimmerten Fuhrwerk der Vaganten, unter Decken und Hausrat versteckt, durch das Bergertor.

Sie hörte, wie der Alte und die Torwachen Worte wechselten und wie ein Hund schrecklich bellte, so als wollte ihm einer etwas zuleide tun. Dann waren sie aus der Stadt.

Marie war heiß und kalt zumute. Nach einer kurzen Weile blinzelte sie unter ihren Decken hervor und wollte noch einen Blick zurückwerfen.

Da sah sie zu ihrer größten Freude Bartel, den alten Hirten. Den hielt es nach dem letzten Viehaustrieb auch nicht in der Stadt; verkühlt und steif strich er bisweilen sogar nächtlings auf den Wiesen vor den Stadttoren umher.

«Bartel», rief Marie, und ihre Stimme jauchzte vor Freude.

«Haltet an!», rief sie dem Alten vorn auf ihrem Fuhrwerk zu. «Dort steht Bartel, mein einziger Freund. Ich muss zu ihm. Nur einen Augenblick.»

Das Fuhrwerk hielt, und die Vaganten sahen voll Erstaunen, wie Marie ihre Röcke in die Hand nahm und auf den alten Hirten zurannte. Sie sahen, wie ein junges, schönes Mädchen einem zerlumpten Alten, der für alle nichts als ein gefährlicher Verrückter, ein stinkender Kuhhirt war, um den Hals fiel und ihn küsste.

«Grüß mir das Nördlingen, in dem ich leben wollte», sagte Marie.

«Gott schütze dich», antwortete Bartel, und aus seinem hässlichen Gesicht fielen dicke Tränen.

«Grüß Bärbel, ich durfte sie nicht mehr sehen», bat Marie.

«Ich werde es tun», sagte Bartel, «Gott schütze dich.»

«Und bete für Ursula, ich konnte nichts mehr für sie tun», fügte Marie hinzu und hielt nur mit Mühe die Tränen zurück. «Gott schützt uns alle auf seine geheimnisvolle Weise», sagte Bartel, dem die Tränen übers Gesicht rannen, als Marie ihn ein letztes Mal küsste.

Dann ging Marie und drehte sich nicht mehr um.

Sie ging mit den Vaganten, und niemand weiß wohin.

HEXENVERFOLGUNG IN NÖRDLINGEN:

Was das Protokoll berichtet

Ursula Haider wurde am 8. November 1589 im Auftrag des Rats verhaftet und am 15. Mai 1590 in Nördlingen verbrannt.

Margaretha Getzler «die Getzlerin», von der es heißt, dass «sie schon lange als Hexe verschrien» war, wurde am 3. Dezember 1589 «eingezogen», wie man damals sagte, und ebenfalls am 15. Mai 1590 verbrannt.

Maria Marb «die Marbin», die als Hausiererin viel über Land ging und im Ruf des Wettermachens stand, wurde ebenfalls am 3. Dezember eingezogen und mit Ursula Haider und der Getzlerin verbrannt.

Anna Koch, seit 1575 Witwe des Gastgebs Koch vom «Goldenen Engel», die als wohlhabend galt, wurde am 30. März 1590 verhaftet und am 10. Juli 1590 verbrannt.

Am 1. Juni 1590 wurde Rebekka Lemp, die Frau des Zahlmeisters Peter Lemp und Mutter von sechs Kindern, eingezogen. Es sind Briefe ihrer Kinder an sie und von ihr an ihren Mann erhalten, die damals großes Aufsehen erregten. Sie wurde am 9. September 1590 verbrannt.

Margaretha Betsch, die Frau des Wagners Lorenz Betsch, die seit 1574 im Haus Hallgasse 19 (am Eck des Weinmarktes) wohnte, war – wie die meisten Frauen vom Weinmarkt – der Hexerei bezichtigt worden und wurde am 23. Juli 1590 verbrannt.

Jörg Kirschnauer, der «Straußbader», der das Straußbad am Weinmarkt gepachtet hatte, wurde aus Anlass der missglückten Kur an der Frau des Tuchscherers Mayenschein verhaftet und am 17. August 1593 als «Hexenmeister» verbrannt.

Anna Nussert, Hebamme und Frau des Deiningertorwarts Hans Nussert, war sehr alt. Sie «gedenke des Bauernkriegs» (1525) heißt es von ihr. Sie soll von sich selbst gesagt haben, die Herren von Nördlingen wären «Schelme und Diebe, wenn sie nicht die Nussartin holen und einziehen lassen». Sie stand schon um 1560 einmal unter dem Verdacht, eine Hexe zu sein, vor dem Rat, war aber nach verschiedenen Verhören als «unschuldig» entlassen worden. Die Nussartin wurde am 17. August 1593 in Nördlingen verbrannt.

Die Vogelbäurin, Apollonia Vogelgesang aus Goldburghausen, war bei ihrer Verhaftung 68 Jahre alt und galt als fromm, reich und wohltätig. Sie war wegen ihres Umgangs mit Apollonia Unfall von Goldburghausen verschrien. Balthasar Reuter aus Nördlingen gab ihr die Schuld dafür, «dass er kein Mann sei». Die Verhaftung geschah auf Veranlassung des Nördlinger Krämers Stutz und dessen Frau, der die Vogelbäurin, als sie bei ihnen Stockfische kaufte, im Gespräch «allewegen uf den rechten Arm geschlagen» habe, woraufhin die Frau des Krämers erkrankt sei. Die Vogelbäurin wurde unter einem Vorwand nach Nördlingen gelockt und am 17. August 1593 verbrannt.

Apollonia Unfall von Goldburghausen (in der Geschichte die «junge, schöne Apollonia» genannt) war schon im Oktober 1590 eingezogen und am 25. Januar 1591 verbrannt worden. Von ihrer Narbe am Kinn heißt es in den Akten: «Die Schrammen am Maul habe ihr einer bei ihrem vorigen Mann gehauen.»

Während der «Großen Hexenverfolgung» in Nördlingen wurden insgesamt 35 Menschen verbrannt.

Nördlingen 1651

NACHWORT

Die große Angst Nördlingen war eine Stadt, wie es sie in Deutschland am Ende des 16. Jahrhunderts, der Zeit, zu der diese Geschichte spielt, viele gab. Hohe Mauern, Befestigungsanlagen mit Wehrgängen, Türmen und Toren, die noch einmal gesondert durch Vorwerke gesichert waren, schützten die in ihr lebenden Bürger, ihr Handwerk und ihren Handel. Die Märkte bildeten das eigentliche Zentrum dieser Städte. In Nördlingen gab es fast an jeder Ecke einen: den Viehmarkt, den Fischmarkt, den Krautmarkt, den Rübenmarkt ... dazu die alljährliche Pfingstmesse, zu der Kaufleute aus der ganzen damaligen Handelswelt kamen.

Wer als Bürger in den Mauern einer solchen Stadt lebte, der hatte sein Auskommen, viele hatten mehr als das. Die Bürger und ihre Frauen trugen eine Kleidung, in der das gesamte handwerkliche Können jener Zeit steckte: bestickte Manschetten und Mieder, pelzbesetzte Kragen, feinste wollene oder leinene Tuche in kräftigen Farben. Neben Hamburg gebe es nirgendwo in Deutschland solch schönes Rot oder Schwarz, hieß es von den Färbern in Nördlingen. Entsprechend war der Reichtum dieser Färber, und um die Töchter aus den reichen Häusern in der Gerbergasse wetteiferten die Söhne der wohlhabendsten Familien der Stadt.

Ein Reichtum an Farben und Materialien, wie er heute gar nicht mehr vorstellbar ist: zinnerne Krüge, irdene Schüsseln, Decken und Fußböden aus massivem Eichen-

Darstellung einer typischen Herdstube eines Hauses aus dem 16. Jahrhundert (Holzschnitt aus J. Dryander, Artzeney-Spiegel. Frankfurt, Egenolff, 1537)

holz, Butzenscheiben mit farbigem Glas in zinnernen oder bleiernen Rahmen, die Häuser leuchtend rostrot, in kräftigem Grün oder Blau.

Wurde es dunkel, dann milderte diese Dunkelheit keinerlei Beleuchtung, die Nacht war schwarz, ein einsames Licht wirklich verloren.

Um wie viel stärker muss die Helligkeit des Tages gewirkt haben, bei der alles getan werden musste. Der Tag «bricht an», wurde gesungen, sein Licht «besiegt» die Nacht.

Sommer und Winter trafen mit Hitze und Kälte die Menschen härter als heute. Genauso Gesundheit und Krank-

Frau Alraune, aus: Cube / Hortus sanitatis, anno 1485.
Symbolische Darstellung des Hexen- und Zauberkrautes.
Alraune ist die Wurzel des Nachtschattengewächses Mandragora. Sie hat menschenähnliche Gestalt, im Volk wurde erzählt, sie sei aus dem tropfenden Samen der Gehenkten entsprungen. Im nördlichen Europa verarbeiteten die Hexen für ihre Salben auch die Tollkirsche, den Stechapfel, das schwarze Bilsenkraut, den blauen Sturmhut und Krötenschleim, der alkaloidhaltig ist.

heit, aus der jederzeit der Tod entstehen konnte: Man lebte mit dem «Schwarzen Gesell», Leben oder Tod. Die Gegensätze waren krasser voneinander geschieden, der Weg zwischen ihnen noch nicht so lang: Ohne Vorbereitung konnte eines ins andere umschlagen.

Links: Hexen brauen einen Regen (Ulrich Molitor, 1489) Rechts: Flug zum Hexenfest (aus: Ulrich Molitor: De Lamiis et phitonicis mulieribus / Von den Unholden und Hexen, Köln 1489).

Stille und Geräusch. So viel Geräusch war nicht da. Wirklich weithin waren nur der Donner und die Glocken zu hören. Die Glocke war die Stimme einer Stadt und der Klöppel ihre Zunge, mit deren Hilfe sie sprach: Warnung oder Gebet, Beschwichtigung oder Hilferuf, Festfreude konnte sie verkünden und als gesegnete Stimme der Stadt einem Unwetter trotzen. Heute sagt man: Die Glocken läuten, damals sprachen die Glocken viele Sprachen.

Nähert man sich von weitem einer Stadt wie Nördlingen, so taucht die von ihren Festungsanlagen umgürtete

Hexe verzaubert einen Mann (Ulrich Molitor, 1489)

Stadt hochgerüstet wie ein Schlachtschiff aus dem flachen Land auf. Es war in der Tat eine Schlacht, die die Städte gegen das ‹offene› Land führten.

Auf dem Land klebten die Menschen an dem Stück Boden, von dessen Erträgen sie gezwungen waren zu leben. Je kleiner ihr Stückchen Land, je unfruchtbarer ihr Boden, umso mehr krümmten sich ihre Rücken. Von den Lehnsherren und Grundbesitzern um den besten Teil ihrer Ernte gebracht, konnte jede Dürre- oder Nässeperiode, jedes plötzlich verendete Vieh den Tod ganzer Familien und Dörfer bedeuten. Der Versuch, sich von dieser elenden

Lebensgrundlage zu lösen, war lebensgefährlich, wurde meist mit dem Tod bezahlt.

Handwerk, Handel, Geld: Der städtische Bürger war vom Grundbesitz nicht mehr abhängig. Die Städte hatten sich vom Land gelöst, und kaum regierte in ihnen der Geldbesitz, da begannen sie, das Land zu beherrschen. Auf den Geschmack gekommen, ging es den Bürgern jetzt darum, die Herrschaft über die Natur zu festigen, die Kräfte der Natur wurden jetzt «böse und dunkel» genannt.

Wissenschaft, Mathematik, die exakte Berechnung, der «kluge Kopf» entstanden: Kopernikus revolutionierte 1543 das mittelalterliche Weltbild: Nicht die Erde, sondern die Sonne ist der Mittelpunkt unseres Sonnensystems. Mathematik und Beobachtung hatten ihn zu diesem Schluss geführt. Man traute nicht mehr seinen bloßen Augen: Galilei richtete 1609 zum ersten Mal ein Fernrohr gegen den Himmel. Die große Zeit der Neugier hatte begonnen: Schon 1492 erregte die Fahrt von Kolumbus zum fremden Kontinent im Westen, die man die Entdeckung Amerikas nannte, größtes Aufsehen. Und Mediziner sezierten jetzt Leichen, was lange Zeit verboten war.

Das alles geschah in den Städten. Nach außen riegelte sich die Stadt so fest ab, damit innen gedeihen konnte, was zur weiteren Herrschaft der Bürger gut war. Draußen herrschte die Wildnis, das Chaos.

In ganz neuer Weise wurde plötzlich auch das Innen des einzelnen Menschen interessant. Der «neue Glaube», Luther und die Reformation, die er mit seinen Thesen von 1517 auslöste, predigten: Der wirkliche Glaube sitzt innen, Gott sieht in das Herz jedes Einzelnen. Die Reformation

Folterung durch Beinschraube und Aufzeichnung des
Geständnisses (Paris 1541)

kämpfte gegen den Ablasshandel, die Ausbeutung der Gläubigen durch die prassenden, in Fettlebe dahinwankenden Ordensbrüder, gegen die Papstkirche als den größten Großgrundbesitzer aller Zeiten. Doch der Papstgläubige hatte sich seiner Sünden mit einer einfachen Beichte oder auch einem Ablasszettel entledigen können. Das war den Reformierten nicht mehr möglich. «Gott sieht bis ins Herz jedes Einzelnen»: Also musste innen aufgeräumt werden.

Der Körper, die «Fleischeslust», Sexualität waren von den Neuregelungen des alltäglichen Lebens am schärfsten betroffen. Der Kopf galt als «unschuldig».

Zum Beispiel Nördlingen: Bis zum Jahr 1550 verzeichnen die Bücher der Stadt kaum eine Bestrafung wegen Unzucht, 1554 wird eine «Hochzeitsordnung» erlassen, die genau regelt, wer wen unter welchen Bedingungen heiraten oder nicht heiraten darf; seit 1560 steht auf uneheliche Schwangerschaft, streitiges Eheversprechen und Unzucht der Stadtverweis; in allen Fällen von Ehebruch und Unzucht sieht das Recht schärfere Strafen für die Frau als für den Mann vor. 1585 wird ein Gesetz gegen «exzessives Trinken» erlassen, 1650 wird ein Kleidungsgebot für Töchter unterer Schichten zur Erhaltung der Sittlichkeit erlassen, 1715 wird im Namen der Bekämpfung von Unzucht und Kindsmord ledigen Frauen verboten, allein einen Hausstand zu führen.

Am Ende dieser Entwicklung, die in allen deutschen, katholischen wie protestantischen Ländern und Städten in ähnlicher Weise um sich griff, stand die Frau als Dienerin des Mannes. Ohne Mann galt sie nichts. Sie führte «sei-

Hexen brauen einen Sturm (Olaus Magnus, 1555)

nen» Haushalt, gebar und erzog «seine» Kinder. Der Mann führte die Geschäfte im Staat, in der Wirtschaft, in der Wissenschaft.

Jede Schlacht hat ihren Preis. Den Preis der neuzeitlichen Schlacht der Bürger gegen das bodenständige, altüberlieferte Leben und Denken, der Städte gegen das Land, des «männlichen» Geistes gegen die «Lust des Fleisches» zahlten die Frauen.

Die weisen Frauen, die Wetterkundigen, die Hebammen, die mit Geburt und Tod umzugehen wussten, die Medizinerinnen des Mittelalters: Sie wurden nicht vom Land, vom so genannten «finsteren Mittelalter» verbrannt, sondern in den Städten. Ihre Verfolgung wurde von den «Büroetagen» der Neuzeitler aus unternommen: den Räten der Stadt, der Geistlichkeit, den tüchtigen Geschäfts- und Handelsherren, den neuen Rechtsgelehrten und Doktoren.

Besonders scharf und hart wurde dort gegen die Hexen vorgegangen, wo zu diesen Verfolgern noch eine alteingesessene katholische Geistlichkeit kam: Köln, Würzburg, Bamberg ... Hier wurden nicht nur 35 Menschen wie in Nördlingen (34 Frauen und ein Mann), sondern im 16. und 17. Jahrhundert viele Tausende von Frauen verbrannt. Aktenkundig festgehalten ist die Verbrennung von 100 000 Frauen in Deutschland in diesem Zeitraum. Bezieht man mit ein, in wie vielen Städten Akten und Ratsprotokolle aus dieser Zeit nicht mehr existieren, wird eine noch viel höhere Zahl ahnbar. Schätzungen verschiedener Historiker sprechen von mehreren Hunderttausend.

Wenn sie verhört wurden, waren diese Frauen nackt. Viele Fragen kreisten um die Umstände der geschlechtlichen «Vermischung» mit dem Teufel. Der weibliche Körper galt als besonders anfällig für die «Sünde».

«Nicht zum Tanze hat uns Gott ja die Füße gegeben, sondern dass wir auf dem rechten Wege wandeln» – das galt vor allem für die Frauen. Im «Hexenhammer» (1484), der Schrift, mit der die systematische Verfolgung der Hexen begann, wird dies folgendermaßen erklärt: «Frau» heißt lateinisch «femina». «Femina» setze sich zusammen aus «fe», das von «fides» = Glauben komme, und «mina», das von «minus» = weniger komme. Die Frau habe also weniger Glauben als der Mann, der Teufel könne sie darum leichter zur Verbündeten des Bösen machen. Das betraf alle Frauen, ausnahmslos.

Nach außen konnten sich die Städte mit ihren Festungen abriegeln. Was aber, wenn das Böse unter der Maske ganz normaler alltäglicher Mitbürgerinnen eindrang und die ganze Festung womöglich von innen aufweichte?

Das war die große Angst an der Schwelle zwischen der alten Ordnung des Mittelalters und der Neuzeit – von dieser Angst erzählt dieses Buch.

Ulrike Haß

Rotfuchs *im Unterricht*

Ideen und Materialien für Lehrerinnen und Lehrer

Ben Jelloun, Papa, was ist ein Fremder? – 778912
Blaich, Philipp Otto Runge, Die Hülsenbeckschen Kinder – 778742
Breest, Tollwut – 778793
Burger, Warum warst du in der Hitler-Jugend? – 778459
Dahl, Sophiechen und der Riese – 778467
Drvenkar, Im Regen stehen – 778947
Ermatinger, Die Prophezeiung – 778475
Feid, Keine Angst, Maria – 778815
Grün, Vorstadtkrokodile – 778491
Haß, Teufelstanz – 778505
Hetmann/Tondern, Die Nacht, die kein Ende nahm – 778513
Hetmann/Tondern, Das Pferd ohne Reiter – 778890
Hüttner, Komm, ich zeig dir die Sonne – 778521
Jockel, Antoine Watteau, Die Italienische Komödie – 778769
Kekulé, Ich bin eine Wolke – 77853X
Korschunow, Wenn ein Unugunu ... – 778831
Kühn, ... trägt Jeans und Tennisschuhe – 778564
Kurth, Frederikes Tag – 778920
-ky, Heißt du wirklich Hasan Schmidt? – 778572
Ladiges, Hau ab, du Flasche! – 778580
Ladiges, Mach Druck, Zwiebelfisch! – 778599
Lang, Wenn du verstummst ... – 778602
Lieckfeld/Straaß/Lausche, Meine Katze – 778726
Möckel, Kasse knacken – 778610
Naumann, Die schnelle Mark – 778629
Ney, Sie haben mich zu einem Ausländer gemacht ... – 77884X
Nöstlinger, Der liebe Herr Teufel
Nöstlinger, Wir pfeifen auf den Gurkenkönig – 778645
O'Sullivan/Rösler, I like you ... – 778653
Poe, Der Goldkäfer – 778750
Rodrian, Blöd, wenn der Typ draufgeht – 778661
Schaaf, Plötzlich war es geschehen – 77867X
Selber, Faustrecht – 778858
Sommer-Bodenburg, Der kleine Vampir zieht um. Das Biest, das im Regen kam. – 778637
Steenfatt, Hass im Herzen – 778696
Steenfatt, Nele – 77870X
Tondern, «Wehe, du sagst was!» – 778939
Welsh, Einmal 16 und nie wieder – 778866
Wendt, Fehler übersehen sie nicht ... – 778874

Die Lehrermaterialien erhalten Sie kostenlos über den Verlag (Rowohlt Taschenbuch Verlag GmbH, 21462 Reinbek) oder in Ihrer Buchhandlung.

rororo *Rotfuchs*

Harald Tondern
Wehe, du sagst was!
Die Mädchengang von St. Pauli
(Rotfuchs 20995 / ab 14 Jahre)

Manuel lernt Daniela kennen, Anführerin einer Gruppe von Mädchen, die ab und zu im Supermarkt klaut und Mitschüler erpresst. Als Manuel mit der als Streberin verschrieenen Pia zusammenarbeitet, wächst in Daniela Eifersucht. Die Mädchengang schlägt Pia brutal zusammen ...
Der neue, brisante Roman des Coautors von «Die Nacht, die kein Ende nahm» (Rotfuchs 20747).